# 江戸の犯罪録

## 長崎奉行「犯科帳」を読む

松尾晋一



講談社現代新書

2757

## 終章 「犯科帳」とはどんな史料か



※巻末地図は長崎歴史文化博物館収蔵の「肥前長崎図」。加筆は筆者による。

# 序章　江戸時代の「リアル」を知る

# 1　「犯科帳」とは何か？

**『鬼平犯科帳』**

「犯科帳」と聞くと「鬼平《おにへい》」、「鬼平」と聞くと「犯科帳」。歴史小説好きなら、こうした連想をする方は多いだろう。これは池波正太郎《いけなみしょうたろう》の代表作のひとつ『鬼平犯科帳』が、年齢を問わず世の中に浸透している証でもある。主人公の火付盗賊改《ひつけとうぞくあらため》・長谷川平蔵《はせがわへいぞう》が江戸を舞台に盗賊を懲らしめ、時には鬼となり、時には仏になって人に接する。その姿勢に魅力を感じるファンが現在も多くいる。

『鬼平犯科帳』シリーズの初代担当編集者であった花田紀凱《はなだかずよし》によれば、池波正太郎に依頼した連載の原稿の通しのタイトルが決まらずに悩んでいた時、新聞の下段にある書籍広告にふと目が留まったという。それが岩波新書の森永種夫《もりながたねお》著『犯科帳――長崎奉行の記録』（昭和三七年一月初版）の広告であった。

花田紀凱の「『鬼平犯科帳』誕生秘話」によれば、「で、思いついたのが『鬼平犯科帳』。要はパクったのである。（中略）池波さんには事後報告だったけれど、そのまま通ったのだから、多分、気に入っていただけたのであろう」とある。こうして実在する史料の名だけが記録内容とは乖離《かいり》して、広く世間に浸透していくことになったのだ。

本書では、この『鬼平犯科帳』に名をパクられた、元の記録に注目する。記録の史料名は正式には「犯科帳」で、日本史や日本法制史を研究する人たちによくその存在を知られている。現在は、長崎歴史文化博物館に収蔵されている。

## 国指定重要文化財

長崎歴史文化博物館が収蔵する古文書類の核になっているのが、「長崎奉行所関係資料」である。これは江戸幕府が設けた遠国奉行《おんごくぶぎょう》のひとつであった長崎奉行所が所管していた文書・絵図一二四二点からなるもので、現在、国指定重要文化財となっている。

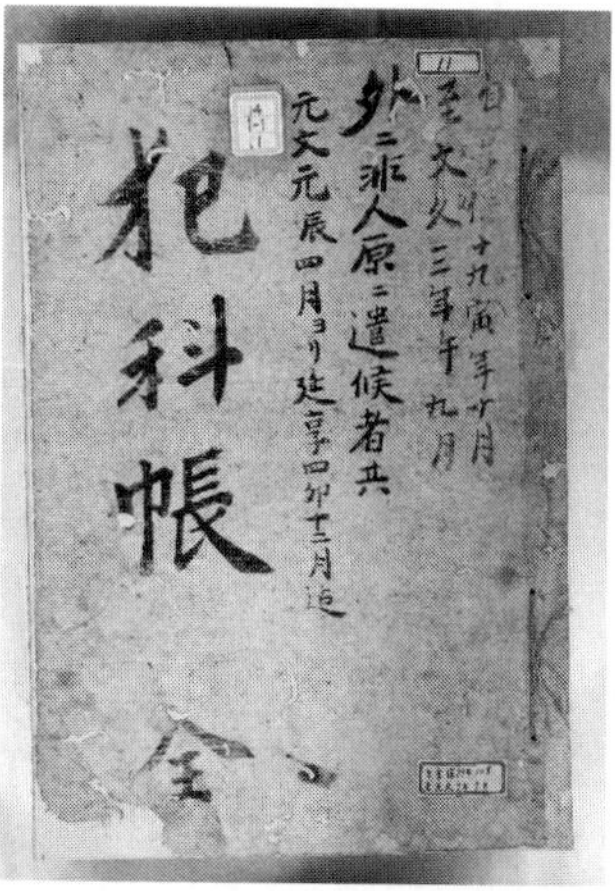

**「犯科帳」（長崎歴史文化博物館収蔵）**

本馬貞夫《ほんまさだお》の『貿易都市長崎の研究』によると、国の指定の範囲は長崎奉行所に保管されていた文書および絵図類のなかで来歴が明白な資料に限られ、時代の下限は原則、長崎奉行所の政務を引き継いだ長崎会議所《ながさきかいぎしょ》の存続期間（慶應四〈一八六八〉年二月一四日）までに作成された資料、上限は寛文《かんぶん》長崎大火後の寛文六（一六六六）年となっている。今回取り扱う「犯科帳」も、この資料の中に含まれている。

「犯科帳」の魅力は江戸幕府の体制が確立した寛文期（一六六〇年代）から徳川家が大政奉還する一八六七年までのおよそ二〇〇年間という、ほぼ江戸時代全般にわたって長崎における犯罪および処罰のあり様を定点観測できるところにある。

じつは、江戸時代の「裁き」の記録で現存しているものは、「犯科帳」を含めて現在（二〇二〇年五月）、三点しか確認されていない。その一つは近年、最高裁判所の倉庫で発見されたことが話題になった幕府の裁判記録「御仕置廉書《おしおきかどがき》」一八冊である。幕府の司法関係記録は関東大震災で焼失したと思われていたのでまさしく大発見ではあったが約一五〇年分であり、記録された期間としては「犯科帳」よりもかなり短い。これよりも少し長い期間の記録が、長崎県対馬歴史研究センターに所蔵されている「罰責《ばつせき》」で、こちらは宝永四（一七〇七）年から明治二（一八六九）年までの一六三年間の記録である。

本書で取り扱う「犯科帳」は、これよりもさらに三九年長い期間の記録である。全部で一四五冊あり、寛文六（一六六六）年から慶応三（一八六七）年にかけての長崎奉行所での審理にもとづく刑罰の申し渡し、不処罰の申し渡しが記録されている。法制史上の貴重な資料とされ、約二六〇年間続いた江戸時代の社会を知ることのできる好個の史料である。

歴史好きの方なら、森永種夫の『犯科帳――長崎奉行の記録』『幕末の長崎――長崎代官の記録』『流人と非人――続・長崎奉行の記録』（以上、岩波新書）を読んでその存在をご存じの方もいらっしゃるだろう。年配の方だと、これをもとに昭和五〇（一九七五）年に日本テレビ系で放送された『長崎犯科帳』が記憶に残っている方も、まだいらっしゃるかもしれない。

この史料は古文書が読めなくても、森永種夫編『長崎奉行所判決記録　犯科帳』が一一巻刊行されているので内容を知ることができる。近年、この「犯科帳」を分析した安高啓明《やすたかひろあき》『近世長崎司法制度の研究』、同『新釈犯科帳　長崎奉行所判例集』㈠～㈢も参考になるだろう。

なお、当時の犯罪の記録として長崎歴史文化博物館には、「犯科帳」とは別に「御仕置伺集《おしおきうかがいしゅう》」がある（こちらも森永種夫編『御仕置伺集』上・下巻として刊行されている）。こちらのほうが「犯科帳」よりも記録された内容は詳しいが、事件は一二一件しか掲載されていない。

## 「犯科帳」の魅力

犯罪は、その時代、その社会を映す鏡である、と表現されることがある。たとえば科学技術の進歩により、従来とは違う悪質な事件が起きたり、社会の価値観の変化や社会問題の複雑化と関係した事件が見られたりする。こう理解すると、江戸時代の社会、そしてその社会の変化を知る手掛かりとなる情報が「犯科帳」には詰め込まれていると考えることができるだろう。

「犯科帳」には、当時、唯一の海外貿易港であった長崎の土地柄から、抜荷（密貿易）に関する事例が多数載る。しかしそれだけではなく、刃傷沙汰《にんじょうざた》、男女間の問題などのさまざまな事件が確認できる。そこからは、江戸時代の社会の実情やそのなかで生きた当時の人々の様子が浮かび上がってくる。

例えば抜荷の事件を見ることで、当時の人々の知恵がわかることもあれば、社会経済の様相も知ることができる。心中事件では男女が死を選ばざるを得なかった身分制の実態が浮き彫りになる。「犯科帳」に複数回、名前が載る累犯者《るいはんしゃ》の罪状や、非人《ひにん》に預けてくれと願う町の姿勢を見ると、社会と罰の関係なども考えさせられる。

このほか海外に漂流して長崎に送還された日本人に関する記載も「犯科帳」には記録されている。当時の日本は自由に海外へ渡ることが許されておらず、帰国を希望しても国を出た理由、そして長崎に辿り着くまでにキリスト教へ傾倒しなかったかなど、取り調べる必要が長崎奉行所にはあった。こうした確認行為も当時の認識では「裁き」とされ、「犯科帳」に記録されている。今日の理解では犯罪には当たらないので取り上げないが、ロシア皇帝アレクサンドル一世に謁見《えっけん》して結果的には世界一周を果たした津大夫《つだゆう》。あるいは、ご存じの方も多いであろうジョン万次郎（中濱萬次郎《なかはままんじろう》）。彼らの名前も「犯科帳」には記載されている。江戸時代の社会を知るための実にさまざまな事象が、長崎を舞台に起きていたことを「犯科帳」から知ることができる。

## 江戸時代の「実情」を知ることのできる貴重な証言

「犯科帳」が長崎奉行所の記録であるために、例外的な都市の事例を扱うのか、と考える方がいらっしゃるかもしれない。たしかに「抜荷」という長崎ならではの犯罪も多く見られる。しかし長崎は日本有数の都市であったので、これから紹介する事例を長崎に限られたものとするのではなく、江戸時代の社会状況を凝縮して映し出したものと見なすのは、十分可能と思われる。

「犯科帳」を繙《ひもと》いていて気づくのは、累犯者が非常に多いことである。そのような視点から新たに「犯科帳」を読み直していくと、別個の事件同士が一つの繋がりを持っていたり、捜査上で新たな事件が露見したり、逃亡者が後日捕まった事例が発見できたりする。しかしこれら累犯者たちの存在は、従来、ほとんど注目されてこなかった。森永種夫『犯科帳』にしても、安高啓明『新釈犯科帳』にしても、判決記録という史料の性格が影響してか、「犯科帳」に記されている個々の事例を取り扱っているのみであり、かならずしも実際の一つの事件の全貌を復元したとは言いがたいところもある。

そこで本書では、従来とは少し異なった視点から「犯科帳」を分析し、当時の人の思考や動きを読み解いていきたいと思う。そしてそれらの分析を通して、当時の犯罪の実態と、そこから浮かび上がってくる江戸時代という時代のリアルな姿を明らかにしていきたいと思う。

なお、本文中では史料をほぼ意訳して描出している。これは「犯科帳」に記された刑罰の申し渡しが、事件に関わった立場ごと（個々の下手人ごと）にその申し渡し理由が記されていることによる。複数犯の場合、関係者すべての記載を照合しなければ事件の全体像は摑みきれない。そのため必要な場合には、一つの事件に関わる複数の記述を著者が一つにまとめていることをご理解頂きたい。また、個々の事件の詳細を確認したい場合のために、文章中に◎〇〇頁と、森永種夫編『長崎奉行所判決記録　犯科帳』㈠～㈩、の巻数と頁を示しているので、そちらを参照していただきたい。

この時代には、金、銀、銅（銭）が貨幣として使用された。幕府による公定相場も時期によって違うし、実際の交換比率は日々変動した。江戸中期の公定相場は、一両＝六〇匁《もんめ》＝銭四〇〇〇文（一〇〇〇文＝一貫文）である。現在の価値が示せれば読者もイメージしやすいが、近年の金高騰をふまえるとなかなか示しづらいことはご理解いただけるだろう（以下でも金・銀・銅の価格が出てくるが現代の価値は示さない）。また、目安になるモノの価値は時代によって、そしてその変化の大きさはモノでも違う。

例えば日本銀行金融研究所貨幣博物館のホームページ（https://www.imes.boj.or.jp/cm/history/edojidaino1ryowa/）の「江戸時代の1両は今のいくら？」を見てみると、米一石（約一五〇キログラム）、大工（二三人）の賃金、そばの代金（一杯を一六文として約四六〇杯）を一両として計算することができる。ちなみに米五キロを二五〇〇円と入力すると一両が七万五〇〇〇円と出る。大工の賃金を一日あたり一万五〇〇〇円と入力すると、一両が三四万五〇〇〇円、そば屋のそば一杯一〇〇〇円と入力すると、四〇万六〇〇〇円になる。

## 2　江戸時代の「法」と「裁き」

### 江戸時代における裁きの仕組み

長崎での事例を見る前に、まず簡単に、江戸時代という時代における法の仕組みについて見ていこう。

近世日本の司法については、大平祐一《おおひらゆういち》の研究により、下級機関から上級機関に伺いが出され、それを承《う》けて上級機関から下される承認あるいは修正の指令にもとづいて下級機関が判決を申し渡したところにその特徴があったとされている（『近世日本の訴訟と法』四頁）。したがって長崎奉行の場合にも単独で判断を下すことはできず、必ず上級機関の指示を仰がなければならなかった。

刑事案件の場合、案件は老中《ろうじゅう》から幕府評定所に下付されて評定所において評議が行われ、その結論が老中にあげられる手続きになっていた。この老中への答申、すなわち評定書を分類整理したものが「御仕置例類集《おしおきれいるいしゅう》」である。これは非公開で、評定所・三奉行・京都所司代・大坂城代のみが保管を許されていた（小宮木代良「御仕置例類集」『歴史学事典』九）。

すなわちこの「御仕置例類集」は長崎を統治する遠国奉行には交付されなかったのである。それゆえ長崎奉行は何らかの判断を下す場合には、自らの機関が過去に扱った先例を判断の基準の手掛かりとするしかなかった。逆に考えると、法源が老中以下の限られたメンバーによって独占されていたために、「下級裁判機関」は必然的に判決の妥当性を上級に伺わざるを得ない仕組みになっていたのである（大平祐一『近世日本の訴訟と法』七〇頁）。

### 江戸への伺いの意味

江戸に伺いを出す場合、長崎奉行は事件の経緯をまとめた報告書に加え、その判決案も添えていた。ほとんどの場合、判決案はそのまま採用されていたが、つぎの例のように長崎奉行が具申した判決案が覆されることもままあった。

久留米上妻村（現・福岡県久留米《くるめ》市）出身で無宿（人別帳に記されていない帳外れの人物）武七（三三歳）は、四年前に長崎で盗賊の一味として捕らえられ長崎に隣接する浦上村かっくい原《ばる》にあった溜《たまり》（身柄を拘束する施設）に入れられたが、そこから抜け出し逃亡していた。その武七が長崎に立ち帰り、宝暦三（一七五三）年正月一八日に捕まった。吟味の結果、この時は前日に戻ったばかりで長崎では盗みなどはしていなかったが、溜を抜け出した後、九州内の所々で盗みなどしていたことが判明した。

『御仕置伺集』（上巻　九三頁）によると、長崎奉行・菅沼定秀《すがぬまさだひで》は、「隣国の所々で盗みをしているからには再び長崎に立ち帰ったのもそのつもりに違いない。またそもそもの行状が不届きであり、溜破りへの今後の見せしめにもなるので死罪を申し付けるべきでしょうか」、と江戸に意見を具申した（於隣国所々盗致し候上は全盗可致覚悟ニ而、又々長崎表江立帰候段紛無御座、旁以不届ニ付、以来溜相破リ申候見ごりの為ニも御座候間死罪可申付哉）。しかし「犯科帳」によると、老中・西尾忠尚《にしおただなお》からの下知は入墨、重敲《おもきたたき》（百敲）の上での長崎からの追放（「所払」）に止まっている。

なぜこのような量刑になったのか、江戸の判断の理由は不明である。この年には菅沼はこれ以外にも六件の仕置案を西尾に上申している。しかし、この件以外は提案のとおりになっている（㈡一三六頁）。数は少ないとしても、長崎奉行から先例が添付されていたからといって必ずしもその案が評定所で承認されるとは限らなかったことがわかる（『近世日本の訴訟と法』四一頁）。先例によらない判断を江戸が行うこともあったということが重要で、それが江戸への伺いに意味を持たせ、地方において幕府の権威を保つ結果に結びついていたと考えることができるだろう。

八代将軍・徳川吉宗《とくがわよしむね》が法典の編纂《へんさん》を命じて作られたものが、高校の教科書にも出てくる「公事方御定書《くじがたおさだめがき》」である。これによって従来の厳刑から人命尊重の寛刑へと刑の見直しがはかられ、例えば長崎の場合、それまで抜荷では獄門などの極刑に処せられていたものが、自訴《じそ》（自首）すれば許されるなどの変更がなされた。この「公事方御定書」は庶民などには閲覧が許されなかったが幕府のみならず諸藩の司法にも大きな影響を及ぼした。

**刑罰の種類**

江戸時代の刑罰は、武士や百姓など、身分によって異なった。もっとも全国一律の体系としての整備にまで至らず、実際には地域差、時期差があったことが知られている。したがって刑罰の序列を正確に示すことはむずかしいが、長崎の場合には以下のような刑罰があった。

まず極刑である死罪だが、市中引き回しの有無、死体が人目に晒《さら》される、あるいは様《ため》し斬りの材料にされるという辱《はずかし》めを受けるか、それとも牢内での斬首に止まるかで大きく二つに分けられていた。

**磔**　罪人の両手足を十字に組んで架柱に縛り付けて槍で突き刺し殺す刑で、主《あるじ》殺しや関所破りなどの罪状に科された。これに引き回しが付加されることもあった。

**火罪**　キリシタン弾圧が厳しかった時代には信者への刑として用いられることもあったが、後に放火、もしくは放火未遂に対してこの刑が処されることが一般的だった。

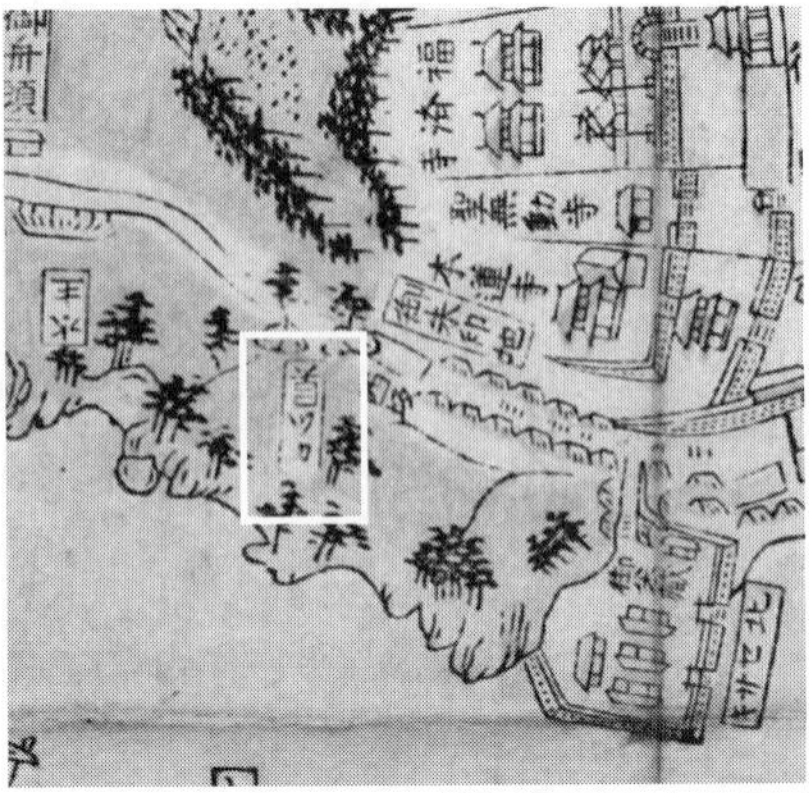

西坂に「首ツカ」とある（「肥前長崎図」長崎歴史文化博物館収蔵。白枠は筆者による）

**獄門**　晒し首。上記の刑では首が獄門台《ごくもんだい》に晒され、引き回しが付加されることもあった。

**死罪**　庶民に対する斬首刑で、死体は様斬りにされたりした。

　以上の刑は、基本的には屋外の刑場で衆人環視の下、執行されることになっていた。そしてこの場合には、田畑、家屋敷、家財が闕所《けっしょ》（没収）となった。

　このほか、

**斬罪（刎首）**　斬首だが、死体の様斬りはない。

**下手人（解死人）**　庶民が斬首にされたが、様斬り、闕所、引き回しを付加されなかったことから他の斬首より軽いものと見なされた。

　刑の執行場所は、江戸では浅草《あさくさ》と品川《しながわ》にあった。長崎の場合、磔・獄門が港内の裸島《はだかじま》で行われたこともあったが、享保《きょうほう》元（一七一六）年、長崎奉行大岡清相《おおおかきよすけ》が編纂した『崎陽群《きようぐん》談《だん》』の「御仕置者之事」には、「一、磔并死罪ハ西坂ニ場所有之候事」とある。すなわち、磔と死罪の執行場所は西坂《にしざか》であった。しかし安高啓明の整理によると、実際には牢屋などでも行われていた（『近世長崎司法制度の研究』）。例外として、長崎で抜買《ぬけがい》（密貿易）した日本人が唐人との間の取引であれば唐人屋敷前で、阿蘭陀《オランダ》人との間であれば出島前で磔が行われたこともあった（「前々唐方ニ而抜ケ買仕候者ハ唐人屋敷の前、阿蘭陀方ニ而ぬけ買仕候者ハ出島前ニ而、磔に行ひ候事も有之候」『崎陽群談』）。

この時代には追放刑というものがあり、それには重追放・中追放・軽追放の三つの段階があった。重追放は、武蔵《むさし》、相模《さがみ》、上野《こうずけ》、下野《しもつけ》、安房《あわ》、上総《かずさ》、下総《しもふさ》、常陸《ひたち》、山城《やましろ》、摂津《せっつ》、大和《やまと》、和泉《いずみ》、肥前《ひぜん》、甲斐《かい》、駿河《するが》、東海道筋、木曽《きそ》街道筋への立ち入り禁止。中追放は、武蔵、山城、摂津、大和、和泉、肥前、下野、甲斐、駿河、東海道筋、木曽街道筋、日光街道筋への立ち入り禁止で、重追放と中追放ともにこれ以外の国の居住者の場合には、自身の居住する国を追放され、他国で悪事を働いた場合は当然、その国からも追放された。また重追放の場合には、田畑、家屋敷、家財の闕所（没収）などが加わることもあった。中追放では田畑屋敷は闕所となったが家財の没収はなかった（「長崎町乙名手控」）。

加えて軽追放があり、江戸一〇里四方、京、大坂、東海道筋、日光道中、日光が立ち入り禁止の対象であった。これは全国の幕領に適用されるものであったので、当然、長崎も含まれた。

この他、長崎から追放される「払《はらい》」があり、種類として、長崎追払（市中・郷中の払）、長崎一〇里四方払、市中・郷中払があった。

遠島《えんとう》（流刑・流罪など）は「公事方御定書」に、「江戸より流罪之ものハ、大島《おおしま》・八丈島《はちじょうじま》・三宅島《みやけじま》・新島《にいじま》・神津島《こうづしま》・御蔵島《みくらしま》・利島《としま》、右七島之内江遣、京・大坂・西国・中国より流罪之分ハ、薩摩《さつま》五島之島々・隠岐《おき》国・壱岐《いき》国・天草《あまくさ》郡江遣ス」とあるように、刑の執行場所によって流刑地は異なっていた。日本を東西に分け、江戸町奉行所と大坂町奉行所から遠島地へ送られたのだった。

長崎の場合は、長崎代官であった末次平蔵茂朝《すえつぐへいぞうしげとも》が隠岐に流されたことはあるが、通常は五島・壱岐・薩摩などに流されることが多かった。享保元年の「長崎奉行所にて仕置申付候心得の覚」（『通航一覧《つうこういちらん》』第四巻）によると五島への流罪対象者は、犯罪を未然に防ぐ意図もあってか、生所が長崎で罪を犯してはいないが、長崎に留めることはできず、他国へも出せない者、遠国奉行支配下・御料（幕領）支配下の者で長崎において吟味したものの犯罪が立証されなかったが、生所へ戻すのも問題があるとされた者、流罪の対象であるが軽科の者であった。

流罪のうち重科の者、そして九州・四国・中国筋の船乗りで、死罪にまでは値しないが本国に戻すのが問題である者は壱岐への流罪に処せられた。これには五島が唐船往来の場所であることから、彼らが流罪先でも抜荷など密貿易に関与することを予防する意味があった。

身体を傷つける耳鼻そぎ、陰茎切《いんけいぎ》り、小指切り、入墨といった刑罰も当時はあった。これらは見せしめの効果をねらったものであった。このうち鼻そぎは死なない程度そがれていたという。清水克行《しみずかつゆき》はアイヌ人の現存する古写真から「鼻の梁骨を残して小鼻と鼻頭を切り落とすものであった」ことを参考に日本の中・近世も同様であったと推測している。ただこの刑は「公事方御定書」によって排され、その代わりとして入墨刑が本格的に導入されるに至った（清水克行『耳鼻削ぎの日本史』）。入墨は地域、藩によって場所と形が異なったが、主に腕に行われ、前科者の目印ともなった。

身分制の社会には、身分の移動に関する刑罰も存在した。非人手下《ひにんてか》と奴婢《ぬひ》である。非人手下は、平人から非人へと身分を切り替えられるもので、町から相対で非人手下へ引き渡すこともあった。町からの場合、元文元《げんぶん》（一七三六）年までは町から一人につき五貫文が添えられ、これ以後は一〇貫文となった（㈠三五六頁）。奴婢とは、同一犯罪に対して科す刑罰に男女差がほとんど見られなかった時代にあって、例外的に女性のみに科される刑罰であった。奴隷刑であり、乞う者に下し婢となる者や年季なしの女中奉公をする者などがいた。

ほかに地役人であれば役儀放免、商人であれば株の取り上げといったものも行われた。

## 牢内の囚人に関する費用

行動を制限する刑としては、入牢（過怠牢《かたいろう》・永牢《えいろう》）、入溜、預け、手鎖があった。またそれぞれの町で「町預《まちあずかり》」（後述）にできなかった場合などにも牢屋に収容されることがあった。基本的に牢屋は未決拘禁施設だが、例外的に永牢、過怠牢という禁錮刑に用いる場合もあった。また牢屋は斬首や入墨、敲、追放刑の執行を行う場でもあった。

江戸時代の牢屋としては、幕府の小伝馬町《こでんまちょう》牢屋敷が最大で、寺社奉行・町奉行・勘定奉行・火附盗賊改が管轄する囚人が収容された。江戸町奉行の下に牢屋奉行がおかれ、牢屋の管理や行刑事務を担った。この役は石出帯刀《いしでたてわき》（役高三〇〇俵一〇人扶持）の世襲であり、配下には牢屋同心五〇人と牢屋下男四十数人がいた。小伝馬町牢屋敷の様子は、石井良助《いしいりょうすけ》『江戸の刑罰』に詳しいので参照されたい。

長崎の牢屋については、安高啓明『近世長崎司法制度の研究』に詳しいが、これによると慶長《けいちょう》五（一六〇〇）年には桜町《さくらまち》に牢屋が設けられていたことが確認できる。時期によって変化があるが宝暦《ほうれき》三（一七五三）年の『長崎実録大成』によれば桜町牢には四棟の牢屋と一棟の揚屋《あがりや》（上級身分の者が拘束された場所）、および牢守一人の居宅と牢番一〇人の居宅があった。この揚屋は、士分、神官、僧侶、漂流民などを入れるためのものだった。ジョン

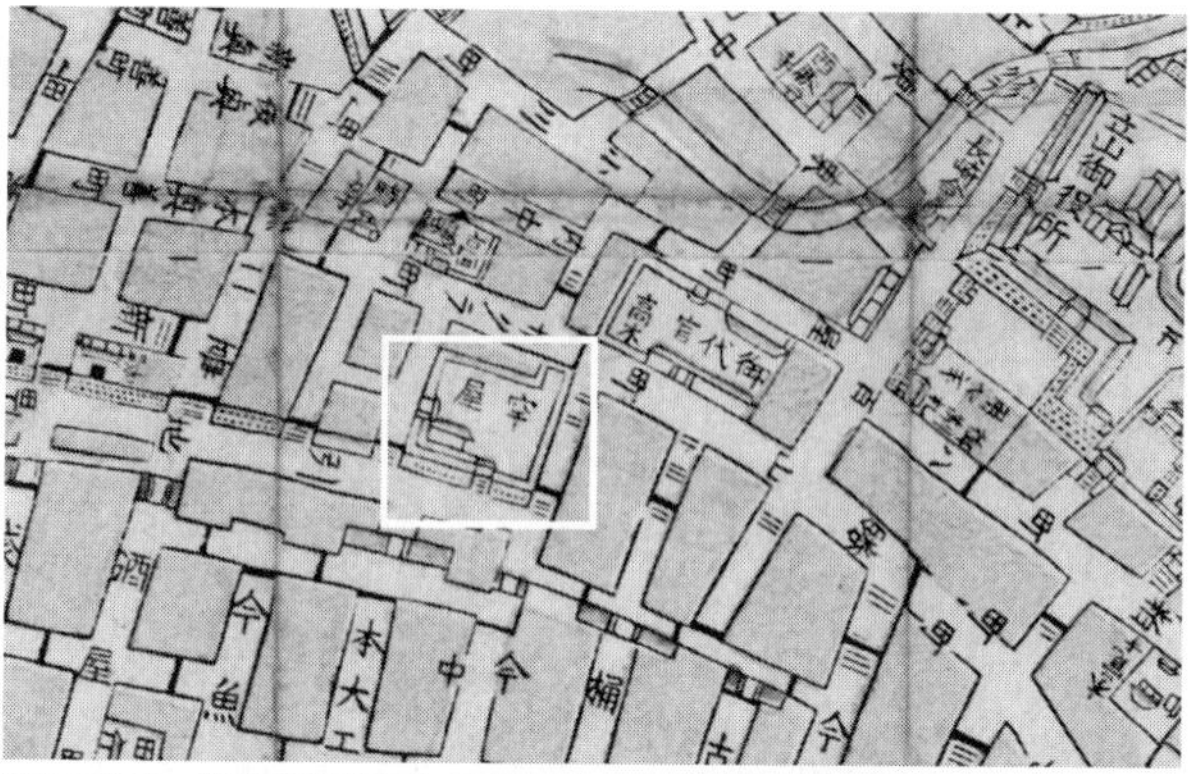


**桜町の牢屋（「肥前長崎図」長崎歴史文化博物館収蔵。白枠は筆者による）**

万次郎も、日本帰還時には長崎に送られ、この揚屋に入れられて取り調べを受けた。

桜町牢は長崎奉行所の支配で、牢守の下に牢番がおかれていた。基本的な構成としては、これに牢屋医師が加わる。安永《あんえい》六（一七七七）年以降、牢屋敷取締が設置され、寛政《かんせい》三（一七九一）年には牢番見習を加えて牢屋敷の管理強化が試みられている。

このほか浦上《うらかみ》村馬込《まごめ》郷の街道沿いに溜牢《たまりろう》があった。ここでは未決囚のほか無宿・病弱者といった者たちの拘置が行われた。授産場としての機能も合わせ持った。

囚人にかかる経費は罪人の出身によって異なっていた。延宝《えんぽう》四（一六七六）年以前の例では、長崎のような幕府支配地出身者の場合には、男は一日あたり一人米六合、四銭、女の場合、米三合、四銭かかったが、この費用は長崎代官が預かっていた闕所銀を年行司《としぎょうじ》（後に常行司《じょうぎょうじ》）。当初長崎奉行所と連絡調整を担っていたが、町年寄《まちどしより》と同様外町の全般の権限を持つようになる）が受け取り、それで賄《まかな》われていた。闕所銀とは、罪人から没収した屋敷や家財などを売却して得た銀、罪人から没収した銀であって、高札を立てる時の費用や牢屋・番所などの諸施設を修復する際に使用された。

いっぽう、私領、すなわち大名家支配地の者で長崎において捕縛された者については、男女とも一人につき銀六匁《もんめ》五厘ずつ、このほか一ヵ月に銭一〇〇文とされていた。この他、牢屋の維持には明かりの燃料などに用いられる灯油も必要だが、これは幕府支配の場合と同様に長崎代官が預かっていた闕所銀によって賄われていた（「長崎諸事《ながさきしょじ》覚書《おぼえがき》」六冊目）。

過料（金銭罰）を命じられることもあり、三貫文、五貫文といった事例が「犯科帳」の場合、多く見られる。過料を命じられると三日以内に長崎会所へ納め、納めたことを奉行所へ届けるようになっていた（『長崎乙名《おとな》勤方附御触書抄』四五頁）。また財産刑として、田畑、家屋、家財を没収する闕所があり、「家財三分一取上」といった例がある。そのほかに軽罰として、敲、押し込め（主として侍や出家に対する刑罰で、自宅で謹慎させ、外出を禁止する）、町預（町中より昼夜番人をつけ、乙名・組頭が見廻りを行った）、叱《しかり》があった。敲は、重敲が一〇〇回、軽敲が五〇回であった。叱にも、厳しい叱をされる「急度（屹度《きっと》）叱」（少し厳しく叱る軽い罰）があった。

## 「監視社会」

江戸時代には「監視社会」とも言うべき側面があった。この住民相互の「監視」のための仕組みとして作られたのが、現在の戸籍の役割を果たした人別帳であり、相互扶助と同時に連帯責任のための組織としても機能していた五人組であった。この「制度」の下にあっては、罪を犯すと一般的に「帳外れ」となり、人別帳から除籍されて「無宿」とされた。

町にいる無宿（「寛文長崎図屛風」長崎歴史文化博物館収蔵）

「犯科帳」を見ていくと「宿なし」「無宿」という言葉が目につく。二つを区別する研究者もいるが、長崎の場合には同じと考えられている。その実情は、長崎奉行・大岡清相がこの存在を問題視し、享保元

（一七一六）年、宿なしへの処分について老中に伺った書付とそれへの答えから確認することができる。

それによると、長崎の「宿なし」とは、江戸など他の地域における乞食《こつじき》、非人のような者ではなく、二つの意味があった。一つは長崎生まれだが人柄が悪く親や親類などと義絶して、長崎内で親交のある者の所に身を寄せるなどして渡世を送っている者。この者は町内の乙名にその旨が届けられ、奉行所の人別帳にもそのように記録されている。長崎の場合、「竈《かまど》」という一種の擬似的な世帯ごとに、「竈銀」という貿易の利潤が配分されていた。ただこうした者は「竈」に所属していないので「竈銀」の、つまりは貿易の利銀の配分の対象にはならなかった。そのために、「宿なし」として扱われたのである。

もう一つは、長崎ではない西国の、かつ幕領ではなく私領（大名領など）の生まれの者で、長崎に来て何らかの手段で渡世を送っている者。前者の場合、共同体から縁を切られても長崎を離れないのは長崎が大きな都市であり、共同体に属さなくても生きていけたからだろう。彼らの存在から都市長崎の懐の深さを知ることができる。後者からは、他にはない豊かさが長崎にはあるように外からは見られていたこと、そして実際、他地域から長崎に来た者たちが生きていける実態があったことが見て取れる。

国際貿易港として創られた長崎では、商売のために多くの人の往来が見られた。支配者も、取引が活発化すれば町も賑わいをみせることはよく心得ていた（「町方御仕置帳《まちかたおしおきちょう》全」）。しかし人の出入りが多くなると、当然のことながらさまざまな問題が起こる。したがって、人の出入りや住人の把握を奉行所が怠ることはなかった。

例えば、町内の者が引っ越したり年越しの旅行を行う場合、町乙名が吟味をして本人を引き連れて願書を長崎奉行所に提出した。そして許されると年行司から書付をもらって年番年寄のところへ差し出して往来切手申請を行い、これを受け取った。この受取り証文は乙名・組頭《くみがしら》連印のものだった。通常の旅行の場合はこれより手続きが簡素化されているものの、町人の移動に町が責任を負う仕組みになっていたことに変わりはない。いっぽう外から旅人を受け入れる際には、宿主から乙名に申し出て吟味を行い、掛《かかり》の乙名へ連絡をし、書類を作って掛の年寄に届ける仕組みになっていた（帰国の時も同様）。

また人別改では、一五歳以上の者を五人ずつ組み合わせて、御法度を堅く守ることが厳しく命じられ、互いに監視し合っていた。不明者が出ると、町乙名のところまで届けさせ、その後は毎月、五町組合の乙名が連判した書付を年番年寄まで提出させて現状の把握に努めた（『長崎乙名勤方附御触書抄』三頁）。

そもそも町に無宿がいること自体が不届きであると長崎奉行が判断することも多かったのは、こうした理由からである。とは言え、長崎奉行に「無宿」が生まれる状況を止められるはずもなく、また長崎の無宿をすべて把握できるはずもなかった。これらの管理は各町の乙名、組頭、日行司が担っていたが、五人組による監視だけでは当然のことながら限界があった（㈠二〇六頁）。無宿の存在は、治安を守る立場の者にとってつねに頭を悩ませる課題でありつづけていた。

**自訴・密告**

「監視社会」は、罪を犯した者に自首、当時の言葉では「自訴」を促す効果、また密告を促す効果もあった。実際の事例を見てみよう。

享保一八（一七三三）年一一月頃、新地蔵《しんちぐら》（唐人との交易品を保管しておくために長崎港の埋め立て地に造られた蔵）に収めてあった大人参二包が紛失する事件が起きた。不思議なことに、蔵戸の前の封印には特に変わったところもなく、それ以外にも盗人が入ったような形跡もなかった。荷役が土蔵に入れる際に紛失したのかもしれないと思って調べたがわからず、手詰まりとなっていた折、新地蔵番所で小使を務めていた椛島町《かばしままち》の代助、五八、吉郎次の三人が蔵支配頭人に自首し、それが奉行所に報告された。

じつはこの三人、問題とされていた、件《くだん》の大人参二包を盗んだのではなかった。彼らが自訴した犯罪は、それとは別の、享保一九年七月九日夜に行った盗みであった。三人は、同年の二〇番船（その年の二〇番目に入港した唐船。以下の「何番船」の場合も同様）の荷物が入れられていた土蔵の屋根に上って瓦を除け、裏板をはがして二階に侵入した。よほど身軽な者たちだったのだろう。蔵に櫃《ひつ》があったので開けてみると人参四包があったので盗み出した。そして屋根は元のように板をはめて瓦を置き、わからないようにしたのである。

この一件、明るみに出ていないところをみると、相当うまく隠したのだろう。

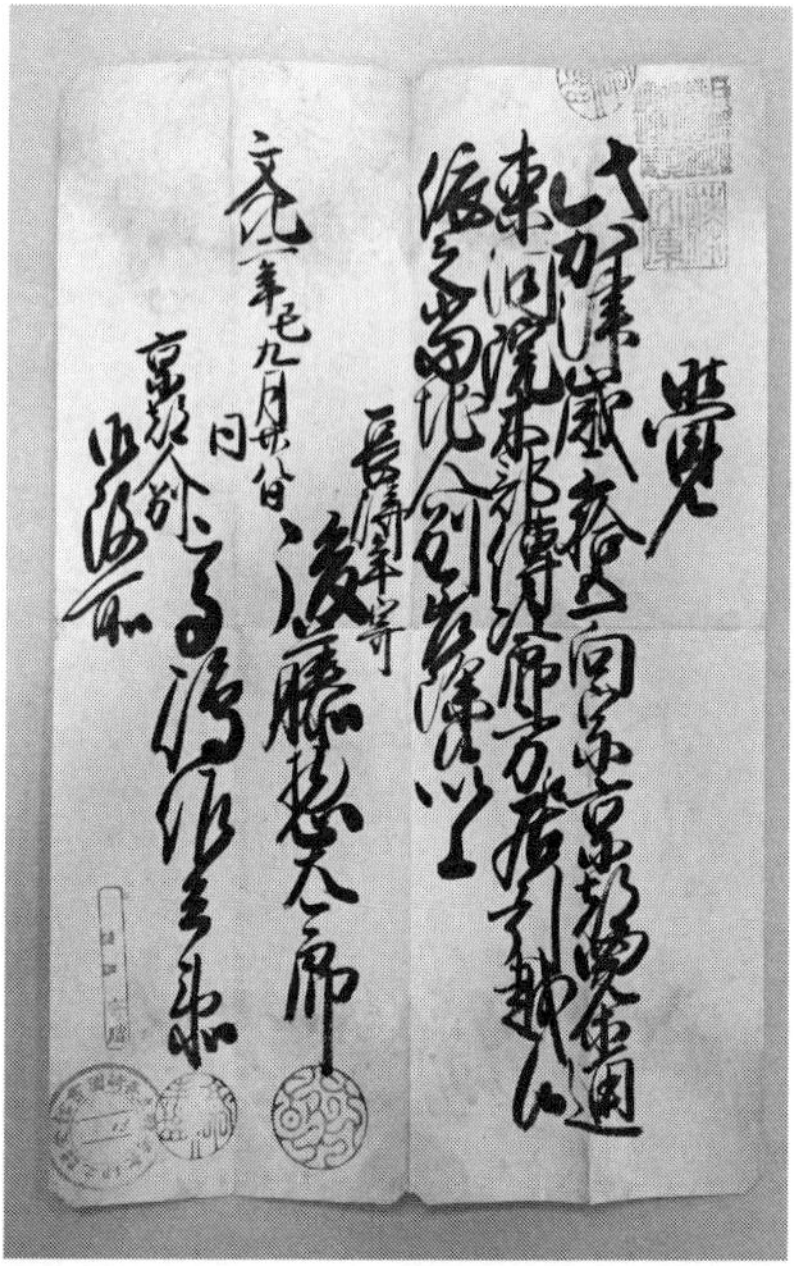

京都人別御役所にあてた離国切手（「引越切手・離国切手　自文化至天保」長崎歴史文化博物館収蔵）

盗み出した人参は小《お》川町《がわまち》の藤七方に持ち込んで、小人参およそ四二〇目余を銀二貫二〇〇目余で売り払って三人で山分けした。今回の事件の捜査で自分たちの犯罪も露見することを恐れて自訴に及んだのだろう。彼らは自訴したことで死罪を免

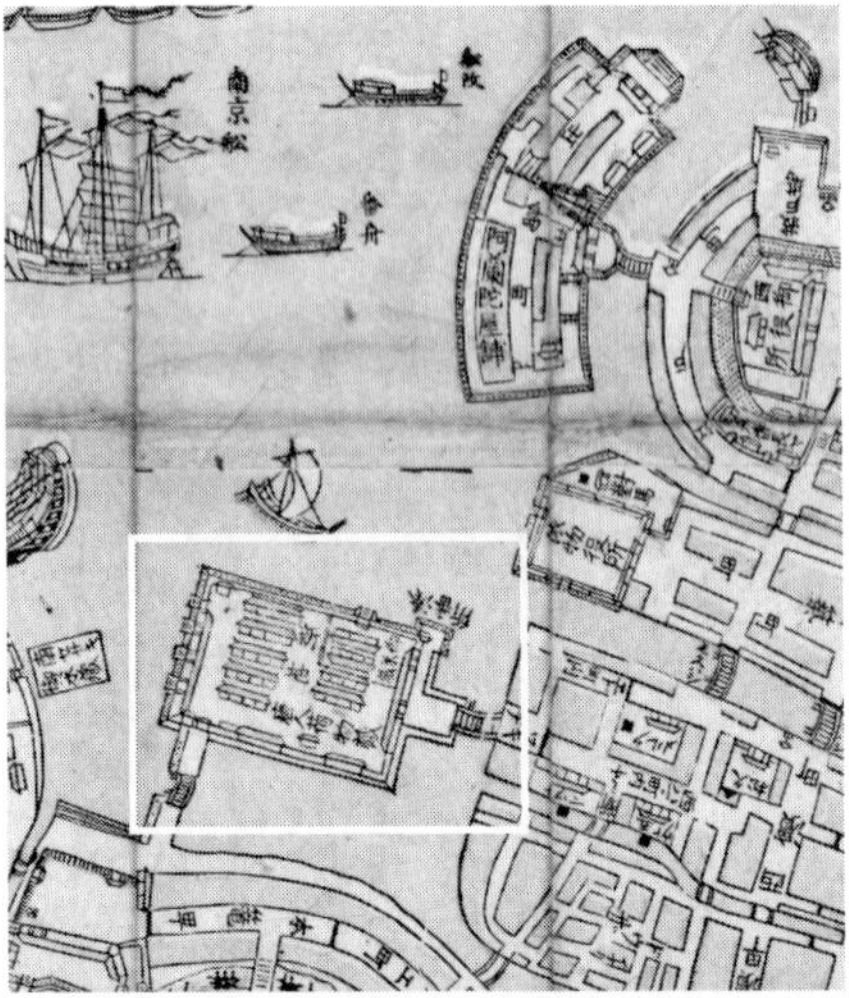

「新地蔵」（「肥前長崎図」長崎歴史文化博物館収蔵。白枠は筆者による）

れ、薩摩への流罪となった。

　話を大人参の件に戻すと、小人参泥棒の三人が「差口《さしくち》」、つまり密告した。おそらく彼らは、自らの罪を軽減するために密告を選択したのだろう。両事件で人参の取次と買い取りに関わった藤七（流罪）から情報を得たのかもしれないが、詳細は不明である。犯人は、すべて唐船貿易の倉庫（現在の長崎中華街辺り）を管理していた新地蔵定雇番人《じょうやといばんにん》で、外浦町《ほかうらまち》の太惣次、伊勢《いせ》町《まち》の善平次、今町《いままち》の伝次郎、材木町《ざいもくまち》の役平次の四人であった。

　詮議《せんぎ》により、以下が明らかとなった。四人で申し合わせて二四番唐船の荷物の収められた蔵戸前の封印を解き、合鍵で開けた。そして伝次郎と役平次が外で見張っているあいだに太惣次と善平次が二階に上り人参二包を持ち出した。戸前の封は両端を糸でつないで元のように見せかけた。

持ち出した人参は太物次が本紙屋町《もとかみやまち》の弥右衛門に取り次ぎを頼み売り払った。大人参二包で代銀は四貫目になった。この四人は同様の手口で享保一七（一七三二）年冬に一度、同一八年春夏の二度、新地蔵に盗みに入ったことも白状した。この件は江戸に伝えられ、下知により、享保一九年正月二六日、四人は獄門、取り次いで人参を売り払った弥右衛門も死罪に処された。

一連の事件では、このほか盗品を買い取った者など二六人が捕らえられたり刑罰を受けたりしている。これら逮捕者から、盗品の流通ルートが辿《たど》れたのだった（㈠三〇八〜三一三頁）。

## 自供の突き合わせ

自首してきた者であれ、捕らえた者であれ、必ずしも奉行所で真実を述べるとは限らない。そのため自供内容の確認は必ずなされた。奉行所では、異国人と日本人の両方が関係するような案件でも、それぞれの自供を突き合わせている。一つの事例を紹介しよう。

油屋町《あぶらやまち》の住人、日雇の久右衛門は、元文四（一七三九）年正月二九日、この年の一番唐船の丸荷役《まるにやく》を務めていた。丸荷役とは、船荷を荷揚げして目録と照合し、蔵まで運ぶ仕事だが、その際、本石灰町《もとしっくいまち》の住人で日雇頭《ひやといがしら》の久平次に頼まれて、唐人から木綿《もめん》の切れに包まれた物を受け取って久平次に渡した。日雇はいかなる品物であっても唐人から受け取ってはならないとされていた。だが久右衛門は日雇頭に言われるままに動いたのだった。軽率にも確認しなかったが中身は折人参（朝鮮人参の根の部分を表す呼び名の一つ）であったから、結果的に抜荷の片棒を担いでしまったことになる。折人参の目方は八四匁一分ほど、約三二〇グラムであった。

久平次は唐船貿易の倉地である新地で同じく日雇頭を務めていた油屋町の住人・又兵衛にこの人参を預けた。又兵衛は、荷役が終わるとそれを新地から持ち出して自宅に秘匿していた。ことの子細はわからないが、このことが長崎奉行所の知るところとなり、久右衛門は所預《ところあずけ》、久平次、又兵衛には入牢が命じられ取り調べが行われたのだった。

久右衛門は何も知らなかったので咎《とが》めもなく許されたが、他の二人には唐人の自白と突き合わせて事実確認がなされたようである。

又兵衛は事情をまったく知らないまま、折人参を預かっていたと主張したが、奉行所は、中身が何かも知らずに物を預かることはないはずで、何も知らなかったとの言い分は成り立たないとした。そのため何かしら刑を申し付けるべきなのだが、預かった人参を欲に乗じて分売などはせず、そのままとめて所持していたこと、また談合して密買などを計画していたわけではなかったこと等を勘案し、今後、出島、唐人屋敷、新地、唐船・オランダ船の荷役場への立ち入りを堅く差し止めるとした上で出牢を許した。

では久平次は、なぜ折人参を唐人から預かったのだろうか。それは見返りに端物《たんもの》（反物）の切れ端をもらえるからだった。

このような、唐人屋敷や出島で端物を拾う話が「犯科帳」には数多く見られる。これはどういうことかというと、長崎には質屋があったが、持ち込んだ物の出所を確認せず、持ち込んだ者の印も帳面にもらわずに代金を貸す慣習があったからである。そのため盗賊なども質屋を利用するほどだった。質屋で出所を確認し、帳面に印をもらうよう法ができたのが天保《てんぽう》一三（一八四二）年のことであり（『御仕置伺集　下巻』三四八頁）、ここに紹介したような事例のようにして拾った物を質屋に持ち込めば小金を得ることができていた。それで幕府が盗みなどを禁止していたにもかかわらず、禁を犯す者が後を絶たなかったのだ。

久平次をそそのかしたのは、この年の一番唐船の水主《かこ》（乗組員）である倪全御。彼は長崎への上陸時に先の人参を隠し持っていたのだが、改めが厳しくどうしようもなかったので当惑して久平次に渡したと自白した。

久平次と倪全御の口述から、今回の件が計画的な犯行ではなかったことが明らかになった。久平次には、人参を取りあげた上、日雇頭の職を解き、今後、出島、唐人屋敷、新地、唐船・オランダ船の荷役場への立ち入りを堅く差し止め、これを犯した場合は罰を与えると命じた。倪全御に何が命じられたのかは「犯科帳」には記されていない（㈠三六三～三六四頁）。

「犯科帳」を確認すると異国人の犯罪者が記されている場合もあるが、ここで見た事例のようなことも多く、捜査過程、事件の全容が摑めないことは多い。したがって中にはつぎに紹介するような冤罪事件も起きていた。

## 疑わしき者はとりあえず捕まえる

自供や状況証拠から罪の確認ができる場合はまだよいが、時にはできないこともある。

大坂南堀江《みなみほりえ》の者で今は無宿となっている喜右衛門は、元文《げんぶん》元（一七三六）年六月二五日の日暮れ、西築町《にしつきまち》の住人・吉郎次、同・八郎次、八幡町・清兵衛とともに小船に乗り、長崎港外の深堀《ふかほり》郷に魚を買いに出かけた。しかし深堀では魚を得られなかったので、対岸の伊王島《いおうじま》（長崎港から約一〇キロメートルの沖合に位置する島）に寄り、そこから長崎に引き返そうとしていた。その様子を長崎港への出入りを監視する小瀬戸《こせと》御番所の役人が見ていた。役人の目には彼らの小船が唐船に近づいているように見えた。それで四人を捕らえて奉行所に差し出した。船番は昼夜を問わず番所に詰めているものだが、それが十分に機能していたことを示している。

長崎の住人は、唐船に船を近づけてはならない、とりわけ夜分に近づくのは抜荷の企てと見なされることから厳禁と、たびたび命じられていた。だがこのように船を出さざるを得ない状況も、しばしばあったと思われる（『長崎代官所関係史料　金井八郎翁備考録一』三六〜三八頁）。吟味により、今回は唐船に近づくことが目的ではなかったことが確認された。しかし、喜右衛門は元大坂の者で宿もなく、船に住居して長崎を徘徊《はいかい》していることが明らかとなった。長崎の船や入港した和船には目印札が渡され、船の管理も町で行われていたが、管理を徹底することは非常に困難だった。

長崎奉行所は長崎だけでなく近国の浦に至るまで抜買《ぬけがい》（密貿易）を念入りに警戒していた。そのため無宿で船に住居している喜右衛門を疑わしく思った。江戸に喜右衛門の処分を確認したところ、薩摩（鹿児島県の一部）への流罪との判断だった。証拠不十分なのだから国元に戻すだけで済んだようにも思えるが、幕府は重罰を科す判断をしたのである。

注目したいのは、同船していた八郎次と清兵衛である。江戸の判断は、日暮れに唐船近くに小船を出し、のみならず無宿と同船していたのは不届きとして、過料二貫文。なかなか厳しい判断である。

もう一人の同船者・吉郎次は少々事情が異なっていた。この人物は、享保一五（一七三〇）年、豊後《ぶんご》の商人・鶴崎清蔵の荷物について抜荷物だと偽りの告発を行った廉《かど》により、入墨の上、家財半分没収となっていた。今回は抜荷を企んだわけではなかったが、夜分に唐船の近くを通り、あまつさえ無宿の喜右衛門と同船していたのみならず、喜右衛門が上陸する時には宿を貸していたことが不届きだとして入墨が科された（㈠三二四〜三二五頁）。

　このように、何もしていなくても、前科者といっただけで厳しい処分を受けることもこの時代にはよくあった。また無宿との同席は本来ゆるされるべきことではなかったことが以上の事例からはわかる。

　じつは喜右衛門たちが捕まった折、同様に伊王島に魚を買いに行き、日暮れ時、長崎に戻る途中で同じ小瀬戸御番所の役船に捕らえられた船があった。そちらに乗船していた大《だい》黒町《こくまち》の住人・宇右衛門には、享保一八（一七三三）年、唐船から蠟燭《ろうそく》を抜買した廉で入墨の上、家財半分没収という前科があった。今回の件では疑わしいことはなかったが、日暮れに唐船に近づいていたことが不届きであるとして、ふたたび入墨が科された。

　さらには、同船していた大黒町の善四郎と定吉の二人の自白から、意外なことが明らかになった。三月頃、唐人屋敷の乙名部屋の下小使《したこづかい》を務めていた島原町《しまばらまち》在住の弥左衛門から、票《ひょう》を受け取っていたのである。票とは、取引の品目や受け渡しの日時、方法、場所を記したもので、唐人との取引で使用する割符であった。唐船が入港したときには、その票を使って抜買をする申し合わせになっていた。捕まった二五日も、たまたま同船に乗り合わせていた幸次郎にはこの話はしていなかったが、魚を買いに出かけた際、松島《まつしま》（長崎県西《にし》彼杵《そのぎ》半島の西隣の島）沖で入港する唐船を見かけたので二〇間（約三六メートル）ほど泳いで唐人に声をかけようとしていたところを捕まったということであった。

まさしく抜買を実行する直前であり、唐人からは何も買い取っていなかったが、抜買を目論んで票を懐中に入れて持ち歩いていたのは不届きとして、入墨の上、家財半分取りあげとなった。自業自得としか言いようがない。運が悪いのは、たまさかこの船に乗り合わせていた幸次郎である。同船者の思惑などまったく知らなかったのに、唐船の近辺を航行したことが不届きだとして彼にも過料・二貫文が科された（㈠三二五頁）。

## とんだ濡れ衣で

唐人屋敷ができる元禄《げんろく》二（一六八九）年まで、長崎貿易に従事する唐人は町の中に雑居していた。長崎には崇福寺《そうふくじ》、興福寺《こうふくじ》などの「唐寺《とうでら》」が今でも存在する。当時、長崎で死亡した唐人は、このような唐寺の墓地に埋葬されていた。したがって他地域には見られない葬儀が長崎では見られていた。

延享《えんきょう》三（一七四六）年正月一三日、病死した唐人の葬儀が崇福寺であった。そこに参列

町中にいる唐人（「寛文長崎図屏風」長崎歴史文化博物館収蔵）

した唐人がその帰り、油屋町の太左衛門宅に投文をした。それを目撃した同行の唐人番がこの行為を怪しんだ。これにより太左衛門とその下人・利助は手鎖の上で所預となった。唐人番は投げ入れられた書付も取りあげたが、吟味をしても特に問題はなかった。

しかし二人は、出島、唐人屋敷、新地そのほか荷役などの場所に立ち入らないようにという、決まり文句による叱を受けた。許されたのはひと月以上も後の二月二七日のことであった。身の潔白は明らかとなったが、何もしていなかったのだから、精神的には相当苦しんだにちがいない（㈡四四～四五頁）。

**いったん和談したにもかかわらず**

寛延《かんえん》元（一七四八）年一二月二六日の夜、長崎

崇福寺第一峰門（筆者撮影）

郊外・長崎村の桜馬場《さくらばば》で利左衛門と松次郎の二人が口論になった。この件、いったんは同夜に和談で決着した。ところがその後、松次郎が同じ桜馬場の弦場という所で変死した。当然、利左衛門が疑われたが、殺人の証拠は見つからなかった。現代であれば、これでは刑罰を科すことなどはとうていできないに違いない。だが松次郎の変死との関係は明らかでなかったにもかかわらず、利左衛門には「軽キ追放」が命じられた。この理不尽な判決に彼は納得できたのだろうか、本人に聞いてみたいところである。

じつはこのあと利左衛門は長崎に立ち帰ってきて見つかり、この「立ち帰り」の科により、壱岐への流罪に処されている。証拠不十分のまま科された刑を前提にして、さらにその上に重い刑を科されたのである。当事者間で解決していたはずが、思いもよらぬ松次郎の変死から追放となり、利左衛門の人生は狂ってしまったように思われる（二九一頁）。

長崎奉行所、ひいては公儀の判断がすべてであった時代、今日であれば不当逮捕と訴えることもできるだろうが、そんなことはできない時代なのである。人びとにできることと言えば、事件性の高い場面には遭遇しないことを願うことしかなかったろう。この時代には、こうした一面もあったのである。

**奉行所で裁かれる対象は、「公儀ニ対し科」**

つぎに奉行所が裁く範囲を、いくつかの事例から見ていこう。今石灰町《いましっくいまち》の住人・甚八は、享保二（一七一七）年に家主の西崎清次右衛門と口論となり、剃刀《かみそり》で傷をつけて入牢となった。この時は、被害者の清次右衛門が甚八への遺恨はまったくないと奉行所に願い出たことで出牢となった（一一六〇頁）。

しかしその後も町役人が意見しても甚八の行跡は直らなかった。だが年を重ねれば行跡も改善されるだろうと奉行所に訴えることはなかった。しかし行跡が直るどころか、むしろますます乱暴狼藉を働くようになり、日頃から包丁を懐《ふところ》に入れ、町内のみならず他の町でもたびたび乱暴におよぶなど、あちこちから届けが出されるようなありさまであった。ことに享保一八（一七三三）年三月二日の夜には相借屋《あいじゃくや》（同じ一つの棟に借家すること）である五郎左衛門の後家のところに行って酒を求め、後家の挨拶が悪いといって火鉢を家内に打ち散らしたので、近所の者たちが駆けつけ取り鎮めた。その後、今度は別の相借屋である清次郎の所に行き、油屋町の者二名が別の町の住人なのにここにいるのは良くないと言いがかりをつけて火鉢の鉄輪を投げつけ、相手に怪我を負わせた。だがこの傷害事件もやはり内々に処理された。

しかし甚八はこれにも懲《こ》りず、同月二一日の夜、包丁を懐中に入れて新石灰町《しんしっくいまち》の金子ふくのところへ行き、ふたたび狼藉を働いた。近所の者がなだめても引かず、理不尽に相手を打擲《ちょうちゃく》した。それでとうとう町の住人一同が連判して、甚八の入牢を長崎奉行に請願するようにと、町の乙名である自分にまで連判をもって申し出てきたと本石灰町の乙名・京長太夫が奉行所に申し出た。吟味したところ事実であったので、長崎奉行は申し出のとおり四月一一日、甚八に入牢を申し付けた。

八月八日、甚八の娘である丸山町《まるやままち》肥前屋六右衛門抱《かかえ》（雇い主）の遊女・花咲が、父の出牢を長崎奉行に願い出た。だが甚八を引き受ける者がいなくては出牢を許すことはできないとして、花咲の願いは聞き入れられなかった。しかし長崎奉行所は、甚八は公儀に対して罪を犯したわけではないので、町内の者、あるいは親類に引き受ける者があれば出牢を許すともしている。このことから、奉行所では公儀に対して罪があるかどうかが処罰の基準にされていたことが確認できる。

この後、奉行所の指示に従い町内乙名と同町の者が甚八の引き受けを願い出たことから、これからは行いを慎むようにと厳しく甚八に命じた上で九月一八日、甚八は出牢を許された（㈠二〇六頁）。

甚八は前科もある上に、今回犯した罪は傷害罪であるから決して公儀の法に触れていないわけではなかった。だがこの程度では奉行が積極的に裁くことはなかったのだろう。

# 第一章　長崎における「罪と罰」

## 1　長崎奉行所の警察、司法機構

### 長崎の統治

本章ではまず、江戸時代の長崎の統治実態を見てゆこう。

長崎の「トップ」は遠国奉行職の一つとして江戸から派遣される長崎奉行であった。そしてその下に、近傍の地域を支配する長崎代官が置かれていた。だが武士の数はごくわずかで、実質的な支配は奉行から町年寄に任じられた有力町人が担っていた。これらの者たちがみな元キリシタンであったのも長崎の特異な点と言えるだろう。町人主導の自治は「鎖国」体制の構築とともに弱まっていったが、他の直轄地とは異なる地役人の世界はその後も維持されつづけていた。

長崎奉行は原則二名。一人が江戸に留まり一人が長崎に常駐する体制が取られていた。奉行に伴われて江戸から派遣される武士の数は多くなかった。時期によって異なるが、寛文一二（一六七二）年、牛込勝登《うしごめかつなり》が赴任した際には二〇〇人程度であった（「萬覚書《よろづおぼえがき》」寛文十一年九月八日条）。また延宝六（一六七八）年、岡野貞明《おかのさだあきら》（一五〇〇石）が長崎に下向した時に従えた者は一一三人、そのうち属僚は自身の家臣一四人と、幕府から付けられた徒行《かち》同心《どうしん》三〇人だけだった。時代が下って寛政九（一七九七）年、松平貴強《まつだいらたかます》（一二〇〇石）の場合は侍医・中小姓を含めて一八人にまで減少している（『長崎奉行所関係文書調査報告書』）。

**長崎の法体系**

長崎のような幕府直轄地の場合、法の体系は大まかに二つに分かれていた。その第一は中央の老中によって定められた法令（惣触《そうぶれ》）、もう一つは直轄地を支配する役人が自己の権限で定めた法令（町触《まちぶれ》）である。惣触、町触はその土地の社会状況に深く関係するので、それを見れば土地の特質を知ることができる。だが残念なことに、江戸時代を通しで確認できる記録は残っていない（若松正志「貿易都市長崎における酒造統制令の展開」）。

幕府によって出された法令の例として、寛文八（一六六八）年、倹約に関して長崎奉行から出された「触」を挙げることができる。その文末にこの「触」は江戸町奉行が江戸の町中に出したものであるとあることから、長崎の法が江戸に準じるとされていたことがわかる（「長崎御役所留《ながさきおやくしょどめ》　中」）。

序章でも述べたように長崎奉行にも処断は江戸を基準とする意識があった。例えば宝永《ほうえい》六（一七〇九）年五月、在江戸の長崎奉行が江戸町奉行に下された死罪除日を写して在長崎の奉行に送っている（「長崎御役所留　下」）。老中から命じられたわけでもなくこのようなことが自主的になされたのは、政務は江戸を規準に行うべしとの意識が長崎奉行に強くあったからだろう。

### 訴訟日と公事日

町人が訴訟できる訴訟日《そしょうび》と裁きが行われる公事日《くじび》が定められたのは宝永五（一七〇八）年九月で、それ以前にはいつ開かれていたかは不明である。このときに、毎月、訴訟日が四日、一三日、二三日、公事日が九日、一八日、二九日と、それぞれ三日設けられ、この日には町年寄全員が奉行所に詰めた。

急ぎの件はこの日に限らなかったが、訴訟できるのは市中の者に限られ、郷方、つまり長崎に隣接する村での出入（いざこざ）は、地方担当の町年寄が判断するのを基本とした。それでも解決しなかった場合に限り、訴訟日に長崎奉行に申し出る手はずになった。また寺社の問題や訴訟、もめ事も、それまでは訴訟日が設けられていなかったが、こちらも今後は訴訟日に申し出ることとされた（「長崎御役所留　下」）。

### 金公事、寺社

利息付・無担保での金銭貸借に関する訴訟を「金公事《かねくじ》」といった。幕府はこの手の訴訟は当事者間で解決することを奨励していた。

唐通事筆者《とうつうじひっしゃ》の恵三太は、長崎に二つある遊女町の一つである寄合町《よりあいまち》（もう一つは丸山町）の肥前屋彦助抱の傾城《けいせい》（高級遊女）を抱え込んでいた。しかし揚代《あげだい》（遊女や芸者を呼んで遊ぶ時の代金）を払ってくれないと、彦助が奉行所に訴えた。奉行所が恵三太を呼び出して吟味したところ彦助の申し出が事実であることが確認されたので、奉行所は傾城を彦助の所に返すよう恵三太に命じた。だが奉行所は揚代の支払いには関知しないので両者で解決するようにとしている（「揚代滞之儀は奉行所ニ而不及沙汰候間、相対次第可致旨令裁許候」、㈡一〇一頁）。

この事例のように当時の通例にそった案件もある。しかし、本来であれば所管が違うはずの案件を長崎奉行が取り扱った例もある。それは寺社関係である。寺社内で発生した犯罪を含め、寺社に関わる犯罪は本来、寺社奉行の管轄だが、長崎ではそれらも長崎奉行が扱っていたのである。

延享元（一七四四）年四月二七日、市中の大寺の一つである皓台寺《こうたいじ》（曹洞宗《そうとうしゅう》）から奉行所に、寺内の耕雲庵に盗みに入った貞平を捕らえたという報告があった。この件では長崎奉行から江戸へ問い合わせが出された上で死罪が言い渡されている（㈡二六頁）。

翌年には市内に四つある唐寺の一つ福済寺《ふくさいじ》（黄檗宗《おうばくしゅう》）に居候していた郊外・田上《たがみ》にある

戦前まで国宝だった福済寺は、原爆で倒壊した（「大雄宝殿〈五拾一号〉福済寺写真」長崎歴史文化博物館収蔵）

田上寺《でんじょうじ》の住人知峯、その兄の善七、同じく田上寺の円久の三人が福済寺に盗みに入ったが、この事件も長崎奉行所が扱っている（二三五頁）。

この手の問題は通常であれば寺社奉行の裁きを受けるものとされていた。しかし長崎では、寺社に関する犯罪の処分も長崎奉行が行っていたのである。寛文五（一六六五）年に定められた寺社方御法度《じしゃがたごはっと》の披見を長崎奉行牛込勝登が求め、同一二年二月、時の老中からその写しを受け取っていることからもこのことを確認できる。

ただ、僧が事件に関わった場合は違っていた。

例えば、先述の福済寺の役僧《えきそう》（導師の指示を受ける下級の僧）益法は丸山町三郎次抱の遊女・岩浪を買い親しくなり、岩浪の年季が明けた後にもたびたび密会を重ね女犯《にょぼん》に及んでいた廉で告発された。この件は時の老中・堀田正篤《ほったまさひろ》に報告され、役僧の身分にありながら特に不届きだとのことで、三日間晒の上、福済寺の本山である京都・萬福寺《まんぷくじ》に寺法に則って裁くようにとの通達があった（九一〇四頁）。本来なら寺社奉行が関与する案件だろうが長崎奉行が取り扱った上で、最後は本山へ引き渡されて寺法に委ねられたのである（本山での処分は不明）。

## 長崎奉行が裁くことのできる範囲

長崎港の警備は福岡の黒田《くろだ》家と佐賀の鍋島《なべしま》家の両大名家が隔年で担当していた。港の警備のため両家は長崎に船を派遣していたので、水夫なども長崎に滞在していた。そのうちの一人、黒田家の又市は明和七（一七七〇）年、長崎に派遣され、黒田家の蔵屋敷があった浦五島町《うらごとうまち》からたびたび隣町の本五島町《ほんごとうまち》の風呂屋・福松に通っていた。そこで風呂屋・福松の姉「たつ」と恋仲になり密通し、将来、夫婦になることを誓った。

しかしその後、「たつ」に別の人との縁談がまとまってしまった。だが「たつ」には又市以外とは縁づく気持ちがなく、又市に一緒に逃げようとくりかえし訴えた。「たつ」の一途な気持ちは又一にも伝わり、彼は翌八年三月一六日、蔵屋敷を抜けだすと同夜「たつ」を誘い出した。とは言え行く先の宛てなどなく、致し方なく野宿などをしてしばらく過ごしたが、蓄えもなかったことから二人で死ぬことにした。

同月一九日夜、長崎村（長崎に隣接する「長崎付地方」と言われる三ヵ村のうちの一つ）の小島《こしま》郷の墓地に二人で行き、まず又市が「たつ」を刺殺した。その後を追って又市も自害しようとしたが死にきれず、夜明け方、行き来する者に見られたのでその場から逃げ出してしまった。

とは言え、又市にも生きたいという気持ちなどはまったくなく、二一日、福松方に赴き、いかようにもしてくれと、ことの次第を伝えた。かくして福松が又市を捕らえて奉行所に訴え出たのであった。

この件は、又市が長崎の人間ではなく黒田家の水夫であったけれども身柄拘束と吟味する権利を長崎奉行は有していた。ただし今回のケースは刺殺であり重刑執行に関しては江戸への伺いが必要であったことから（安高啓明『近世長崎司法制度の研究』）、江戸に伺いが出され、折り返し、老中・松平武元《まつだいらたけちか》からの下知が届いた。又市の刑は、下手人（死刑）であった。死を懇望していたとしても、「たつ」を刺殺してから刑が執行されるまで又市の心情はいかばかりであったことだろう。

じつは二人の関係を、「たつ」の弟・福助と母「とら」は知っていた。二人は彼らの仲に反対だった。それで急いで「たつ」の縁談を取りまとめようとしたのである。二人がそのような取り計らいをしたのは、彼らの思いが成就することはあり得ないとわかっていたからだろう。

しかし、長崎奉行は福助と「とら」に対しても、特別に注意して対応すべきところを軽く見たからこのような事態になったのだとして叱責し、町預に処している（「別而心付取計方も可有之処等閑ニいたし置候ゆへ、右始末ニおよひ不念之事」）。身内の罪は当事者の責任のみでは済まされず、身内も連座させられる時代であればこその事態である。もっとも、これで罪になるはずもなく、すぐに二人の町預は許された（㊂一四九頁）。町預がすぐ解かれているところをみると、おそらく奉行所も福助、「とら」ともできることを精一杯したと理解して、それ以上の責任は問わなかったのだろう。

## 地役人が支えた長崎

長崎の人口は万治《まんじ》二（一六五九）年が四万七〇〇〇人、延宝九（一六八一）年には五万二七〇二人、正徳《しょうとく》五（一七一五）年に四万一五五三人、その後、一八世紀後半は三万二〇〇〇人ほどとなり、幕末期は二万七〇〇〇人程度だった（若松正志「貿易都市長崎における酒造統制令の展開」）。江戸から派遣された者たちだけでこの数を支配するには無理があり、地役人《じやくにん》

（あるいは地下役人《じげやくにん》）と呼ばれる者が大きな役割を担っていた。

島原・天草一揆以降も長崎奉行が長崎に常駐するようになる前には代官・末次平蔵茂貞《しげさだ》と、当初は頭人《とうにん》と呼ばれていた四人の町年寄が、長崎貿易の管理など、長崎の町の統治を担っていた。当初、長崎には地租を免除されていた「内町《うちまち》」と免除外の「外町《そとまち》」との区別があり、この町年寄が置かれたのは内町だけであった。外町には年行司《としぎょうじ》（寛文五年以降、「常行司《じょうぎょうじ》」）がおかれ、末次平蔵のもとでおのおのの町の町政に関与するとともに、内町で町年寄の下に置かれた乙名のなかから選ばれた一名の年行司とともに長崎奉行所との連絡調整を行うなどしていた。

元禄一二（一六九九）年には内町・外町の区別が撤廃され、外町常行司の二人が町年寄に加わり六人制となった。その後、文化期には最大の九人となったが、同一三年以降、七人に減少した。

奉行所行政に関与する役人は、軽役も含めてすべて「地役人」と呼ばれていた。他の直轄地の地役人と同様に幕府から扶持米などを受ける者たちもいたが、長崎の場合、多くはその収入が貿易利潤を財源とする地下配分金《じげはいぶんきん》などから得ていた（戸森麻衣子「長崎地役人」、太田勝也「近世長崎の『地役人』に関する一考察」）。

長崎の地役人は一〇〇〇人を超えていた。彼らは長崎奉行支配、長崎奉行給人支配、町年寄支配、長崎代官支配に分かれ、「支配役」と呼ばれる監督者に管掌されていた。

市中警備専任の地役人は、慶長八（一六〇三）年に雇われたといわれるキリシタン「目付」の五人からはじまった。その後、外町中の負担によりこれに四人が追加され、「町使《ちょうし》」（町司）と改められた。これらの者たちは公費ではなく町全体の費用によって雇われていた。寛文一二（一六七二）年までに一五人に増員され、追放刑の場合、付き添いを担うこともあった。

このように、当初、長崎の支配は奉行が町年寄に委ねる形でなされていた。しかし段階的にその権限は奉行に剝奪されていった。

例えば、延宝期（一六七三―八一）のものと思われる「町方御仕置帳《まちかたおしおきちょう》」の「町乙名役之事」と「町年寄役儀之事」から確認できるそれぞれの職掌によれば、町年寄に対して、町人の訴訟を奉行所に取次ぐこと、町中での出入（もめごとなど）について調査すること、町奉行の指示を仰ぐ必要がない程度の軽い処分はおのおのの判断で命じること、町人の軽い出入は町乙名と相談してその処分を命じること、町中で公事・訴訟があった時は月番の町年寄へ伝え、いかなる場合でも自ら立ち会い吟味した上で長崎奉行に報告すること、などが命令されている。

いっぽう、町年寄より格下の町乙名に対しては、町内での軽い出入で町年寄へ伝えないでよい程度のことは町内で扱って裁判すること、町人に雇われている者の出入は町年寄と相談して処分することが命じられている。

### 事件の発生から罰を命じるまで

ではつぎに、具体的な事例（元禄八〈一六九五〉年の「犯科帳」㈠八一頁）を紹介しつつ、事件の発生から罰を命じるまでの一連の流れを見てみよう。

その一つめの記述は以下のとおり。

長崎江戸町
一、善右衛門　亥年弐拾五　亥九月廿五日入籠
同所伊勢町
一、次郎右衛門　亥年弐拾五　右同断

この善右衛門、次郎右衛門は唐船荷役《とうせんにやく》（検使などが諸手続をして船荷を荷揚げする）の時、船荷の目録にたたんだ反物（端物とも書く）を唐人が放置していたのを無断でその場から持ち出した。長崎奉行所はこの所業について盗人と同じで不届きわまりないことなので本来は斬罪を命じるところではあるが、命は助け、小指を切り、長崎一〇里四方追放の処分を下した。そしてこの先、長崎に戻ったら斬罪を命じると申し聞かせた（「右弐人唐船荷役之

節、荷物指出目録に畳端物唐人捨置候を無断持出候段、盗人同前之儀不届至極候、可令斬罪候得共命たすけ小指を切長崎十里四方令追放候、以後立帰候はゝ可令斬罪旨申含之」)。

これに続いてつぎのようにもう一人、別の犯罪者のことが記されている。

長崎本下町

一、金右衛門　亥年弐拾四　亥九月十五日入籠

金右衛門は唐船荷役の時、許可証を得ないまま、日雇の中に不正に紛れ込んでいた。にもかかわらず、そのことが発覚すると日雇頭に暴言を吐いた。これに対して長崎奉行所は、このうえなく不届きであるとして長崎一〇里四方の追放を命じ、以後、長崎に戻ったら斬罪にすると申し聞かせた（「此者唐船荷役之節、日雇頭極候人数之外ニ札も持不申紛乗、日雇頭改候節理不尽之儀を申候段、重畳之不届候、依之長崎十里四方令追放候、以後立帰候は可令斬罪旨申含之」)。

金右衛門の場合、日雇でないことがまず問題視されているが、日雇は異国船が入港してから出航するまでの諸雑務に従事する者で、その雇用から賃金などの支給に至るまで、すべてを一つの町が管理していた。これを町請《まちうけ》という（若松正志「近世中期における貿易都市長崎の特質」)。

ただこれを普通に読んでも、二人が反物を盗んだ事件と日雇でない者が日雇に紛れ込ん

でいた事件が続けて記載されている理由がわからない。入牢の時期も異なる。
しかし、唐通事会所《とうつうじかいしょ》の日録（以下、『唐通事会所日録 二』一四九～一五四頁）を確認すると、二つの関係が見えてくる。この二つの事件、元禄八年の五〇番広東船で九月一一日に行われた荷役に関係するという共通点があったのだ。

## 紗綾二端持ち出しの捜査過程

善右衛門、次郎右衛門の二人が捕らえられたのは九月一一日のことだった。この二人は、荷役の際に一端ずつ紗綾《さあや》（絹織物の一種）を隠し持っていたところを荷役の立ち会いをしていた検使に見つかった。二人は検使から小通事《こつうじ》（唐人との交渉に当たる唐通事には、大通事《おおつうじ》を最上位として、小通事、稽古通事《けいこつうじ》の三つがあり、時代とともに職が増設された）・林金右衛門のところへ預けられた。その後、一四日に長崎奉行所西役所から町年寄・高木彦右衛門《たかぎひこえもん》のところに移すことが命じられ、翌日、稽古通事・西村七郎兵衛が二人を高木彦右衛門のところに移送した。

同日、唐人との連絡の責任者、すなわち唐通事の筆頭格である大通事を務めていた林道榮《はやしどうえい》をはじめとして五名の唐通事が長崎奉行所から呼び出され、西役所に赴いた。彼らは長崎奉行家老の山内文右衛門《やまうちぶんえもん》、八十嶋武兵衛《やそじまぶへえ》から、二人は唐人と密通していた可能性があるので、唐船の船頭・呂宇官、および財副、そして盗まれた紗綾の持ち主であった馬哥の三人を尋問し、供述書を奉行所に提出するように命じられた。長崎奉行所の役人が直接、唐人を捜査するのではなく、唐通事会所を通じて尋問を行い、この結果をふまえて善右衛門、次郎右衛門を詮議するといった段取りが、ここに示されたわけである。

通事というと通訳をイメージする方がいらっしゃるかもしれないが、彼らには、長崎奉行から唐人関係の捜査権も付与されていたのである。これに従い、船頭をはじめとする唐人三名の供述書（口書《くちがき》）とそれぞれの翻訳（和解《わげ》）が西役所と立山役所に提出された。その後の二二日、善右衛門、次郎右衛門の二人が長崎奉行所の御白州に召し出されて詮議されることになる。ここまでがこの事件の捜査過程である。

## 長崎奉行所での詮議

長崎奉行所には、善右衛門、次郎右衛門に加えて船頭・呂宇官、財副、盗まれた紗綾の持ち主であった馬哥の三人も召し出された。まず御白州に召し出された善右衛門、次郎右衛門の二名は、長崎奉行・宮城和澄《みやぎまさずみ》と近藤用高《こんどうもちたか》の二人から、どうして紗綾を盗ったのかと糺《ただ》された。二人は、手近に捨ててあったので、ふと盗み取ったと答えた。だが、たとえ落ちていた物であっても、唐人に関係した物、すなわち外国に関係する物を日本人が外に持

復元された長崎奉行所の御白州（長崎歴史文化博物館　筆者撮影）

ち出すことは厳しく禁じられていた。したがってこの返答により二人とも縄を掛けられ入牢を命じられた（先の「犯科帳」には「廿〈二〇〉五日入籠」とあって日付が異なるが、こちらの方が同時代史料であり、こちらを信じた方が良い）。

この後、唐人の三人が御白州に呼び出された。長崎奉行は善右衛門、次郎右衛門の二人を詮議すると、船に捨ててあったのでふと盗み取ったと述べているが、先に提出された唐人の口書の内容と相違ないので唐人三人と日雇の者の関係がないことが確認でき、唐人は無実であることが証明されたと述べた。

しかし長崎奉行は、紗綾を確認する際に申し出なかったとしても、荷役の時に通事に知らせずに紗綾を捨てたことは不届き千万であり、唐人にも落ち度はあるとして、紗綾二端は唐人に返されず、長崎奉行所で召し上げることにした。

これを受けて、船頭・呂宇官、財副、馬哥の三人は、提出した口書を確認した上で今回の紗綾の盗みに関係ないと判断した長崎奉行・宮城和澄と近藤用高に感謝を伝えている。

以上の経緯は『唐通事会所日録』に当たって初めてわかることであり、「犯科帳」にはこれら三人のこと、そして紗綾二端の取り扱いは記録されていない。

「犯科帳」のみでは事件の全容がわかりかねる案件があることが、ここから理解いただけるだろう。

**日雇の把握**

同時に問題になった金右衛門が日雇に紛れ込んだ件は、同月一三日に動きがあった。この日、長崎奉行所・西役所から唐通事会所に呼び出しがあり、大通事・林仁兵衛《はやしじんべえ》が赴いた。西役所では、今回の荷役時に札を所持しない日雇の者が紛れ込んでいたのは宿町《やどまち》（今紺屋町《いまこうやまち》）、付町《つきちょう》が吟味を怠っていたためと思われるので、今回の船の宿町、付町の担当を召し上げて、宿は今鍛冶屋町《いまかじやまち》、付町は新大工町《しんだいくまち》に命じると伝えた。荷物は今入れている蔵のままにしてよいが、諸事経費の帳面なども今鍛冶屋町に命じた。

この宿町・付町とは、長崎の内町・外町の各町が順番で唐人宿を担い（当番が宿町、次番を付町とした)、貿易の責任を分担するために設けられた制度である。そしてこの業務の報酬として「口銭」が宿町・付町、さらには長崎総町中にも配分されていた(配分率は不明。山脇悌二郎『長崎の唐人貿易』)。各町はこの業務請負によって大きな収入を得ていたが、不正があるとこの業務を取り上げられることもあり得たことをこの事例から知ることができる。これは日本側だけの問題ではなかったので、奉行所は唐人にもこのことを伝えるようにと林に命じている。これを受け、林は唐人屋敷に赴いて話をし、その後、西役所に報告した。

一五日には、長崎奉行の宮城和澄と近藤用高の両名が協議を行い、本下町《もとしたまち》に御預となっていた先の金右衛門と日雇頭四人を御白州に召し出して入牢を命じた。残念ながら、「犯科帳」にある長崎一〇里四方追放がいつの段階のだれの判断だったのかはわからない。先の善右衛門と次郎右衛門は、命は助けて小指を切ることに止め、長崎一〇里四方追放と「犯科帳」に見えるが、これも同様である。現地奉行の判断ではなく、通例に従い江戸での判断を仰いだ上での決定があったのではないかと推測されるが、「犯科帳」にはそれらの経緯も、その決定が下された日付も記されていない。

## 2　幕府の「頭痛のタネ」長崎

### 法を侮る住民たち

寛政改革を行った松平定信《まつだいらさだのぶ》は、「長崎は日本の病の一ツのうち」であり、「長崎之地、ことに乱れて」と、長崎支配のむずかしさ、長崎奉行の人事のむずかしさを将軍に説いた（木村直樹『長崎奉行の歴史』）。

松平貴強の墓碑（長崎市晧台寺　筆者撮影）

松平貴強も、長崎の支配に苦心した長崎奉行の一人であった。赴任先の長崎で死亡した長崎奉行が数人いるが、彼もそのうちの一人である。

松平はその死の直前の寛政一一（一七九九）年一一月、市中・郷中の者へ知らせるようにと「公事出入心《くじでいりこころ》得方書付《えかたかきつけ》」（「長崎町乙名手控《ながさきまちおとなてびかえ》」）をまとめている。

この冒頭には、「すべての願い出の諸案件は証拠をもって、約定の過ちがないか糺す。その理非を究明することは勿論《もちろん》のことで、証拠がない信を取り上げないことは公儀御定法で決まっていて、江戸表の三奉行（勘定奉行・町奉行・寺社奉行）をはじめ、どこの奉行所でもそのとおりであると認識されている。しかしながら長崎の仕癖《しくせ》で、たしかな証文などがあってもそれは脇において当事者が互いに口上で申し立てる意味にこだわり、だんだん自分勝手に自分に都合のよいことのみを言ってくるので、枝葉のように話が拡がる。（事の真偽を）糺す際限もなく期限を移し、年月が経ったことになってしまう」と記されている（都而願出候諸出入証拠書物を以約定違失之有無を糺、其理非を令糺明事勿論之儀ニ而、無証拠之詢条一切不取用事者、公儀御定法ニ而江戸表三奉行を始メ、何方之奉行所ニ而も其通りニ在之事ニ候、然処当地之仕癖ニて慥成証文等有之を脇ニ致シ、互ニ口上ニて中立候意味ニ拘り、追々自分勝手能様之儀已而を申募候ニ付枝葉広ク相成、糺之際限も無之、時日を移シ年月をも経候事ニ成行候）。

このことからも、長崎は「公儀御定法」（公事方御定書）が軽んじられる土地柄であると長崎奉行が認識していたことがわかる。幕府の法であっても侮《あなど》る意識が住民の間に広く浸透していたことは、どうやら確かなようである。

## 奉行所で盗みを働く幕府を恐れぬ不届き者

「法を侮る」長崎住民の実態がうかがえる例として、以下の事件を見ていこう。

享保二一（一七三六）年四月二六日、戸を二本と障子《しょうじ》を二本運んでいる不審な男が炉粕《ろかす》町《まち》で屋敷番によって捕らえられた。名は吉右衛門といった。知人で野菜などの商いをしている八百屋町《やおやまち》の八百屋・長太郎から質《しち》に入れたいと頼まれて運んでいるところだと答えたが、障子張りなどに従事する者であればともかく、どことなく不審に思われたのだろう。

はたしてこの主張は正しいのか。屋敷番が八百屋・長太郎を捕らえて調べたところ、戸と障子は前日、長崎奉行所の立山《たてやま》役所の空き屋敷から盗んだ物だと自白した。野菜を買う元手がなく、盗み物を売り払って元手を作ろうと、立山役所隣の安禅《あんぜん》寺境内から塀を越えて立山役所に忍び入り持ち出し、安禅寺境内に隠したというのである。翌日、何も知らない吉右衛門を安禅寺二王門下に待たせ、安禅寺に隠していた建具を運ばせていたところを捕縛されたのであった。

長崎奉行所は長崎支配の拠点である。元は本博多町《もとはかたまち》にあったが、寛文三（一六六三）年の大火で焼失した後には街の背後の丘陵の斜面（この一帯は今も立山と呼ばれている）にある立山役所と、長崎の名の元になった、もともと海に突き出した岬の突端であった場所の西役所の二つが長崎奉行所となっていた。幕府権威の象徴ともいえる場所だからさぞかし警備は厳重であったはず、そう想像したくなるところだが、実際にはそうではなかったことをこの事件は示している。

それにしても大胆な所行である。幕府の権威を軽んじた大胆不敵な行為であるとして江戸の判断は死罪、長太郎は牢内で斬り捨てられた。吉右衛門は、長太郎に理由も聞かずに夜分に安禅寺から戸、障子を持ち出したことは不届きであるとして過料一貫文を命じられたがそれだけで許されている（一三四六頁）。

これと同様の事件が寛政期にも起きている。今回の場所は幕府直轄の長崎近郊の村や天草などを支配する長崎代官所であった。別名・仁三次こと与右衛門は、寛政八（一七九六）年五月、生所不明の覚次に誘われるがまま、脇差一腰、鉄炮《てっぽう》一挺を購入した。経緯は不明だが、これが代官所から紛失した品だったことが判明した。

与右衛門は出所のわからない物を買い取ったこと、そして取引相手の覚次が行方知れずになったことを町役人に申し出なかったことが咎められ、同年六月二日に町預後、七月二三日に三〇日の押し込め（主として侍や出家に対する刑罰で、自宅で謹慎させ、外出を禁止する）となった（五一八三頁）。

与右衛門にとって、購入品が長崎代官所の紛失品だったことは不運だが、そもそもどこの者かも知らない覚次と取引すること自体があってはならないことである。ここでも長崎代官所の武器の管理が不十分であったことには驚かされるが、それ以上に驚くのは覚次である。直接盗んだのか、それとも盗品の処分を担う者だったのかは不明だが、足が付かないように売却した上で行方をくらませている。手慣れた盗人の仕業だったのだろう。

### 計画性がない窃盗の顛末

このように、長崎奉行所と長崎代官所で起きた窃盗事件を見ると、たしかに権威が軽んじられているように思われる。とは言えやはり現実としては権力への恐怖を感じる者たちの方が圧倒的に多かったようである。そのために、捕まるかもしれないという状況下におかれると奉行所に自首（当時の言葉で言えば「自訴」）する者も多かった。

最終的に獄門三人、死罪一人を出すことになる、新地蔵での窃盗事件が延享《えんきょう》四（一七四七）年一二月二四日に起きた。窃盗を計画したのは三人で、主犯は前科者の茂平次（三九歳）であった。茂平次は長崎の元住民であったが、逃亡して筑前（福岡県の一部）で日雇として渡世を送っていた。しかし生活が成り立たず、延享三（一七四六）年九月六日に長崎に立ち帰った。そして同月九日に唐人屋敷の垣を破ったところを捕らえられ、入墨の上、追い払われていた（二四八頁）。ほぼ一年後の延享四年一二月はじめごろ再び長崎に戻り、同月一〇日ごろから次郎助（二六歳）に匿《かくま》ってもらっていた。これに吉平次（二七歳）が加わり、三人で犯行を計画したのだった。

実行犯は茂平次、吉平次、そして付き添い役として次郎助の下人・百左衛門も加わった。百左衛門はこの役割を銀一〇〇目で承知した。三人は次郎助の所に集まり、夜四ツ時(二二時)、新地蔵に向かった。海沿いに干潟を伝って埋立地に至ると塀を越え、船蔵の後ろから忍び込んで荷物を盗み出し、同じ道をたどって戻った。

盗んだ荷物は、兜羅綿《とろめん》(綿糸にウサギの毛をまじえて織った舶来の織物)四四端、ひろうど(ビロード)切五つ、紗綾三端、木香四〇斤余、蜍《てぐす》(天蠶《てんさん》からとった天然の繊維)一三〇目余、唐銭五貫文で、これらを匿ってもらっていた次郎助方に持ち込もうとした。

しかし次郎助は、母に今回の件を隠していることを理由に盗品の秘匿は断った。そして吉平次、百左衛門とともにその日の夜、妹聟《いもうとむこ》である麴屋町の吉右衛門の所に行き、怪しい物ではないのでしばらく預かって欲しいと言って盗品を吉右衛門の所に置いていった。

吉右衛門は、一晩悩んだのだろう、翌朝、預かれない旨を次郎助に伝えてきた。そこで今度は吉平次が茂平次を介して荷物持ちに金蔵(二五歳)を雇い、吉右衛門に預けていた荷物を次郎助の従弟である利八(三九歳)の所に運びこみ、しばらく預かって欲しいと頼み込んだ。この時は桶に入れて持ち込んだようである。主犯格の茂平次は荷物に付き添って利八宅に滞在したが、二五日夜に荷物の取り分け作業を行うと、二六日未明に金蔵を伴って利八の所から姿を消した。

それにしても前科者の茂平次、この場をずらかった方が良いと判断したのだろう、この時には、たしかに勘がさえていた。

しかしこうした一連の動きに、何も知らない利八は疑念を感じたのだろう、次郎助方に行って荷物を預かることはできないので引き取ってくれるようにと伝えた。次郎助は承知して、翌二七日夜に伯父・利兵衛、そして利兵衛の所で世話になっていた次兵衛を伴って荷物を受け取りにきた。

窃盗は確かに成功した。だが、盗品をどこに保管し、だれに売り払うかの段取りを付けずにいたために、妹聟、従弟、伯父といった親類に頼らざるを得なくなったのだ。次郎助としては致し方なかったのかもしれないが、頼られた方には災難である。

一時、盗品を保管することになった吉右衛門は一二月二八日に手鎖の上、所預となった。後述するが吉平次が捕まったのと同じ日のことであることから、彼の自白がきっかけとなり、吉右衛門の件が明らかになったものと思われる。そして翌年七月二五日に、怪しい物と気づいていながら奉行所に訴え出なかったのは不届きだとして、過料三貫文が科されている。盗品を預かったもう一人の利八は、延享五（一七四八）年正月三日に手鎖・所預、同四月二三日に入牢。そして七月二五日には怪しい物を三日間預かったのみならず、入墨の上で追い払われた茂平次を一晩留め置いたことが不届きであるとして所払が命じられた。

たとえ親類の頼みであっても身元がわからない人物の世話はすべきでなく、出所がわからない物を預かってはならないというのが奉行所の処断の理由だった。

## 荷物の行方と事件の発覚

さて、利八の所にあった荷物だが、一二月二七日夜、次郎助が利兵衛、次兵衛なる人物とともに受け取りにきた。そして利兵衛と次兵衛の二人で持ち出して、佐賀領の木々津《ききつ》（現在の長崎市の東隣・諫早《いさはや》市喜々津。大村《おおむら》湾に面した港がある）に行き、宿を借りた。二八日、利兵衛は次兵衛に吉平次、百左衛門が来るまでここにいるようにと伝えて長崎に戻っていった。

正月朔日夜、木々津の宿に予定どおり百左衛門が来た。百左衛門は次兵衛に、ここにいるのは危険だから、船を借りて対岸の大村（現・長崎県大村市）に行くように、後ほど彼も吉平次とともにそちらへ行くからと伝えた。次兵衛は言われたとおりに船を借り、荷物を載せて大村に向かった。だが百左衛門は体調が優れず、もう一日、木々津に滞在し、翌日、大村に移動した。だが次兵衛には会えなかった。

このことには長崎に戻っていた利兵衛が関係していた。利兵衛が長崎に戻ってみると、新地蔵で盗まれた物を町中で厳しく捜査していた。利兵衛は次郎助の荷物の出所が心配になって確認し、はじめてそれが今まさに話題になっている盗品であることを知った。嫌な予感が的中してしまったのである。利兵衛は心変わりして、自首することを決意した。

利兵衛は日雇仲間の甚七に、盗品の所在を知っていることを伝えた。それが日雇頭の知るところとなり、利兵衛を案内役にして、大村宿で荷物と次兵衛を取り押さえた。これが正月二日のことだった。利兵衛は、盗み物と知っていながら持ち運びを世話したことは不届きだが、最初はそうと知らず運んでいたことが確認できるし、また盗品と知ってからは自首し、盗み物を取り押さえることにも協力したことから許された。

百左衛門はこの取り押さえの後で大村に着いたのだろう。運が良いと言えば、良い。この後、嬉野《うれしの》（現・佐賀県嬉野市）に向かったが、路銭がなかったので所持していた紗綾を旅人に売った。しかし結局、行くあてもなく、主人に命じられて仕方なく盗みに入ったのだと自首すべく長崎に戻ることにした。しかし途中の大村領松原《まつばら》で長崎からの追っ手に見つかり正月一八日に捕らえられ、一九日に入牢となった。実行犯でもあったことから、百左衛門は死罪とされた。

荷物持ち出しの共犯であった先の次兵衛もまた、荷物持ちを依頼された時は盗品と知らず、利兵衛に世話になっているので指図に従っただけだという申し開きが認められ、また大村で同輩の甚七に尋ねられた際に盗品を見せたのは自首同然との判断となり、何の罰も受けなかった。百左衛門との違いは、盗み物と知っていたのか、そして自首と認められるかの二点だったのだろうと思われる。

## 主犯格の顚末

主犯格の茂平次、次郎助、吉平次はどうなったのだろうか。まず茂平次だが、二六日未明に利八の所からずらかったことは先に述べた。だがこの時にも何も持たずに、というわけではなかった。前出の兜羅綿《とろめん》八反、ひろうと（ビロード）切れ三つ。木香七斤余、蜍一〇〇目余を持っていた。そしてすでに雇っていた金蔵を伴って諫早に行き、そこに宿を取った。ここで兜羅綿四反を質に入れ、古脇差二腰を手に入れ、金蔵とそれぞれ所持した。その後、大村から嬉野へと移り、金蔵とは二貫文を渡してここで別れ、箱崎《はこざき》（現・福岡市）辺りに行って兜羅綿、木香、蜍を売り捌《さば》いた後、筑前の所々で隠れて住んでいた。しかし三月朔日《ついたち》、筑前春野町（場所不明）で捕らえられ厳しい取り調べを受けた結果、長崎でのことが明らかとなった。茂平次はこの件で獄門となった。

いっぽう金蔵は、嬉野までは茂平次の荷物持ちをしたが、一二月二九日に賃銭二貫文を茂平次から受け取り長崎に戻った。もらった脇差は長崎で売り払った。

その後、金蔵も捕まったが、「犯科帳」には、「辰三月七日手鎖所預」とあるところから、この「手鎖所預」の処分に茂平次の自白が影響していたことは間違いない。だが金蔵は、茂平次の共犯として捕まったのではなかった。実はこの金蔵、別件（偽銀札一件）で捕らえられていたのである。この別件の方には「辰二月十八日所預」とある。したがって三月七日以降に、それまでの所預に手鎖が加えられたことになる。そしてこの件（窃盗事件）での入牢は四月五日、別件での入牢が同月二三日と記されている。

話を戻すと、金蔵は盗品だとは知らず、売り物と聞いて荷を運ぶ手伝いをしていただけであり、また茂平次とも利八の所で初めて知り合ったのであって、彼が前科者であることも知らなかった。奉行所は、金蔵が偽りを述べていないことは認めたが、疑わしい荷物を数日、持ち歩いただけにすぎないのに過分の賃銭を得、さらには脇差までもらったのは不届きであるとの判断を下した。したがって江戸の下知によりこの件に関しては同七月二五日、入墨の上、所払の処分が下された。

しかし金蔵には前述のとおり、これとは別に「似せ銀札」（偽銀札）の一件もあった。こちらの事件の下知は、この時点では受けていなかった。その下知は翌年正月一九日、江戸から届いたが、死罪であった。もっともこの一件だけで死罪になったわけではなく、たびたび悪事に携わっていることから死罪はどうかと長崎奉行・安部一信《あべかずのぶ》から江戸への意見具申があり、それが受理されてこの下知となったのであった（『御仕置伺集　上巻』七八頁）。つまり、二つの罪は当初、別に審議されていたのだが、最終的な判決は二つの事件を総合して下されたのだった（(二)八三頁）。

つぎに死罪に処せられた百左衛門の主人・次郎助だが、疑わしい様子がかねて奉行所にも聞こえていたので正月二日に手鎖の上、所預となり、翌三日に入牢となった。先に死罪となったことを述べた次郎助の下人・百左衛門は木々津にたどりつく前日、すなわち朔日に長崎で主人・次郎助と会っていた。その際、次郎助は、お前は一人者なのでどこへでも逃げられる、われわれが取り調べを受けたときには、みなお前に罪をかぶせるつもりなので逃亡してくれるようにと頼んでいた。百左衛門は、主人の言うことでもあり承知した。次郎助の往生際の悪さにあきれるのは私だけだろうか。結局、次郎助には七月二五日に獄門が命じられた。

最後に吉平次だが、茂平次同様に兜羅綿四反、木香三袋の取り分を持って逃亡し諫早で宿を借りた。そしてこの地で兜羅綿一反、木香一斤を売り払い、その金を持って柳川《やながわ》（現・福岡県柳川市）に行った。その後、残りの兜羅綿、木香を売って近国を逃げ歩いていたが、正月二八日肥前の久山《くやま》（現・長崎県諫早市）で捕らえられて厳しい取り調べにあい、長崎の件を自白した。吉平次も同じく獄門となった（(二)七三～七七頁）。

### 芋づる式に犯罪が発覚

『御仕置伺集』によると、ここまで見てきた新地蔵への押し入り一件は、盗みに入られた二日後の一二月二六日に蔵番人が気づいて捜査がはじまっていたことがわかる（『御仕置伺集　上巻』六七～七三頁）。最初に疑われたのは荷物蔵出しの時に従事した日雇たちで、長崎市中で厳しい捜査がなされた。そのなかで捜査線上に浮上したのが利兵衛であった。彼が荷物の行方を知っているという情報が日雇仲間から得られたのだ。日雇頭たちが利兵衛を案内役にして荷物を取り返したのは、先に見たとおりである。

じつはこの捜査がはじまった時、もう一人疑われた人物がいた。野菜売りの角左衛門（二四歳）である。理由は不明だが疑わしいとの噂があるので調べたのだが、この事件には関係なかった。しかし、彼の住まいに厄介になっていた肥後国玉名郡上沖洲《かみおきのす》村（現・熊本県玉名《たまな》郡）からの旅人・宇右衛門（二四歳）が疑わしい銀札を所持していることが明らかになった。

一二月二八日に宇右衛門を捕らえて取り調べたところ、たしかに怪しい銀札を所持していた。この銀札は国内で流通しているものではなく、唐人屋敷内などでしか使用できないものだった。そのためこの日、宇右衛門、角左衛門は所預となった。銀札を所持していた理由を尋ねると、長崎に来る途中で拾ったとのことであった。その後も取り調べは続いたが、この二人は新地蔵の件とはやはり無関係であることがわかった。だが唐人屋敷でも偽銀札が見つかったことにより、新たな事件が露見することとなった。

「御仕置伺集」によると、唐人通事部屋の小役であった忠右衛門が銀札を改場《あらためば》（唐人屋敷の表門を入って左手にあった「銀札方役人部屋」のことかと思われる）に差し出したところ、偽銀札であるとして取り上げられた。この銀札は忠右衛門が、貸した銀の返済を庄次郎なる者に催促したところ、その庄次郎から渡されたものだった。いっぽう庄次郎はというと、この銀札を先の唐人屋敷の野菜売り・角左衛門からもらったと述べた。すなわち、角左衛門が庄次郎に渡した五五匁分の一五枚の銀札が、偽銀札だったのである。

偽銀札とは知らなかった忠右衛門はこの件に驚き、庄次郎の所を訪れて町年寄に自首すると伝えた。話を聞いた庄次郎は、受取先である自分も吟味されるだろう、そうなれば他の偽銀札の存在も発覚すると思い、まだ手元にあった銀札二五枚を焼き捨てた。このことを自訴すべきかどうか、庄次郎は忠右衛門に相談することにした。だがその道すがら、長崎近郊日見《ひみ》村在住の長兵衛と出くわした。二人は知り合いだった。というかこの二人、この偽銀札事件の共犯とも言うべき関係にあったのだ。庄次郎は長兵衛に残りの銀札を焼き捨てて自首する旨を伝えた。これを聞いた長兵衛は逃亡し、いっぽう庄次郎は彼に告げた通りに自首した。ここからこの偽銀札一件の全容が明らかになっていく。

## 偽銀札一件の全容

先にも名前の出た肥後国玉名郡からの旅人・宇右衛門は、野菜売りの角左衛門宅に厄介になりながら、寄合町の久太に頼まれて、木仏二体を作っていた。宇右衛門の仏師としての腕を知ることになった長兵衛は、偽銀札の「原盤」すなわち印形《いんぎょう》を宇右衛門に彫らせることを思いつき、偽銀札を作れば生活が潤うという甘い言葉で彼を誘った。偽札作りは大罪なので宇右衛門は即答しなかったが、結局のところ承諾した。宇右衛門は木仏を作り終えると代金として八〇〇文を受け取り、いったん田舎に帰ったが、ふたたび長崎に戻ると長兵衛の知人であった先述の庄次郎の住まいを借り、長兵衛とともに一一月三日から晦日まで庄次郎方に逗留した。この時点では庄次郎は、二人が偽銀札を造っていることは知らなかったようである。

長兵衛は宇右衛門に手本として五枚の銀札を渡し、それを元にして偽印形を四〇枚、庄次郎方で造らせた。だが、できあがった四〇枚を宇右衛門が長兵衛に渡すところを庄次郎に見られてしまった。長兵衛と宇右衛門は、偽銀札の企みを庄次郎に告白した。

これを聞いて庄次郎も一枚嚙むことになった。長兵衛は、できあがった四〇枚の偽銀札を庄次郎に預け、銀に替えてくるように頼んだ。これが先に述べた、忠右衛門に渡った一五枚と、庄次郎が燃やした二五枚である。またそれとは別に三〇枚が造られ、こちらも長兵衛に渡された。長兵衛は日雇の七兵衛にその札を銀に替えるように頼んだ。これら偽銀札三〇枚を預かった七兵衛は、その内の五枚を油屋儀左衛門なる人物に売り、銭一貫五〇〇文を得て長兵衛に渡した。また翌日には、別の浅右衛門なる者を使って儀左衛門にさらに一四枚を渡し、銭三貫五六文で売って長兵衛に渡し、残りの一一枚は宇右衛門に返した。宇右衛門はこれを焼き捨てている。

一二月になると、朔日から一八日まで宇右衛門は長兵衛とともに七兵衛の所に逗留していたが、その後、知人である野菜売りの卯之助の所に一人で二二日まで滞在した。宇右衛門は卯之助にも偽銀札造りを持ちかけたが断られた。また先に出た、件の金蔵にもこの話を持ちかけたが、やはりこちらも同様であった。そこで宇右衛門は知り合いの惣七の所に行くと、惣七は話にのった。

そして二二日、今後の新たな偽銀札製造について話し合うために金蔵の妹「ひさ」宅に、宇右衛門、角左衛門、惣七、七兵衛、および七兵衛が誘ったもう一人の千吉という人物の五人が集まった（卯之助は、庄屋に呼ばれていたのでこの集まりには参加していない。ただ事情を知っていたにもかかわらず届けなかったからであろう、入墨の上、重追放に処されている)。この時、宇右衛門を千吉、角左衛門、惣七の所で順次、匿うことに決まり、宇右衛門は二三日に千吉の所、そして二四日から角左衛門の所で厄介になった。千吉の所では何もしなかったが、角左衛門の所に移ると、角左衛門が偽銀札の手本とすべき銀札二枚を唐人屋敷商人である平野卯右衛門から買い取り、それを宇右衛門に渡して偽銀札を作らせた。二八日には、そのうちの九枚が惣七に渡された。同日、新地蔵の一件で角左衛門と宇右衛門が捕まったことは先に述べたとおりだが、じつは彼らにとってもまさに間一髪の状況にあったのだ。

惣七が偽銀札九枚を受け取って角左衛門の所を出ようとした時、捕手《とりて》が角左衛門を捕らえようと押しかけて来た。これを見た惣七は、慌てて角左衛門方の裏口に回ったが、その途中で角左衛門が銀札の偽印形の入った袋を彼に差し出してきた。惣七が躊躇したかどうかはわからないが、結局受け取って角左衛門方を立ち去った。惣七はこれを持って卯之助の所に向かった。卯之助は突然、惣七が来たのでさぞや驚いたことだろう、惣七が持参した偽銀札九枚と偽印形の入った袋を残らず焼き捨てさせ、証拠隠滅を謀った。

## 自訴したとしても、必ずしも許されるわけではない

角左衛門と宇右衛門が新地蔵の窃盗一件で一二月二八日に捕らえられたことは先に述べた通りだが、偽銀札造りの主犯格・長兵衛は行方知らずとなっていた。そのほかの者たちは、いつ自訴したのかは不明だが、「自訴仕候」と記録されている。所預の日付は、七兵衛・千吉が二月一一日で、庄次郎、忠右衛門が同月一四日、浅右衛門、儀左衛門が同月一七日、惣七・卯之助が同月一八日とそれぞれ異なる。

記録によれば、一一日の千吉の項には、共犯者が自訴したので千吉も自訴すると申し出てきたので再び詮議したとある（「同類共自訴致候ニ付、千吉儀も自訴仕候旨申出候間、再応遂僉議候」）。それぞれがいつ捕らえられたのかはわからないが、詮議のなかで自訴する者が出て、それに影響されてさらに自訴する者がいたことになる。詮議する方も、共犯者が複数いる場合、いろんな駆け引きをしていたのだろう。

さて刑だが、偽印形を作った宇右衛門は獄門、角左衛門は死罪、他の者は流罪などで命は助けられた。この判決は、一一月、長崎奉行・安部一信から江戸へ伺いがたてられ、提案どおりに行うようにとの通知が一二月、江戸から下された。処刑は翌年一月一九日であった（逃亡した長兵衛のその後については不明）。

この一件、すべての者が自訴したわけだが、といって決してそのことで刑が軽くなった

わけではなかった。宇右衛門はたしかに自訴したが、その当初の内容は、偽銀札は作っていないという偽証だった。また角左衛門が自訴したのも、罪を逃れられないと観念したあとのことでしかなかった。これらの理由から、この二人は他の者以上の重罪に処せられたのであろうと思われる(㈡七九～八三頁。『御仕置伺集　上巻』七三～七九頁)。

罪を犯した者が捕まる恐怖に押しつぶされた時、あるいは知らない間に自らが犯罪に関わっていたことを知った時には自訴することがあった。逮捕された後のことを考えて、無罪や減刑を狙ったわけである。しかし自訴がその後に影響するかどうかは一種の賭けである。たしかに自訴して助かる場合もあるとしても、その逆もあったことがここに紹介した事例からわかる。

これまでの犯科帳を用いた研究では事件一件ごとに注目してきたことから、ここまで見てきたような、捜査上で別の事件が明らかになるという事例は紹介されてこなかった。捜査過程で別の事件の解明につながることは現代社会でも起きるわけだが、往時も同様だったのである。

# 第二章　人間模様さまざま

## ——酒、男女の仲、喧嘩口論

人は何かをきっかけに、理性を失ってしまうことがある。いつの時代、どこであっても、だれにでもあり得ることである。しかし、理性を失うにしても、現代の感覚では理解しがたい場面が「犯科帳」には多々見られる。この章では、徳川社会に生きた人々の酒・男女の仲・喧嘩口論にまつわる人間模様に注目して時代相を探ることにしよう。

## 1 酒

### 「酒肴の交を第一とする所」長崎

酒を飲みすぎて失敗した覚えのある人は少なくないだろう。そんな人は、いつの時代にもいた。度が過ぎた行為をする者も、またしかりである。

長崎には寛文五～六（一六六五―六六）年の時点で小売りを含まない造り酒屋が一六一軒あり（ただし、そのうちの五一軒は寛文三年の大火で酒道具を焼失し酒造を止めていた）、一万九〇〇〇石ほどの酒造米高があった。長崎周辺の「長崎付地方」といわれる長崎村、浦上村山里《やまざと》、浦上村淵《ふち》の合計石高は約三四〇〇石ほどだから、酒造米高はかなり多く、長崎の人口約四万人の四、五ヵ月分の飯米高になる。

なぜこんなに多量の酒が必要だったのだろうか。それは金・銀の海外流出を防ぐため、異国人に購入させる酒を確保する必要があったからだった。一八世紀頃には長崎自体での酒造は二七〇石まで減少し、必要な量は関西方面をはじめ他地域からの酒で賄われた（若松正志「貿易都市長崎における酒造統制令の展開」）。

このように人口に比し豊富な酒が存在していた長崎では、宝永五（一七〇八）年に禁止されるまで、罪人の引き回しの際に町々から罪人に酒などが振る舞われていたようである（「長崎御役所留　下」）。京都の蘭方医で二回、長崎を訪れた広川獬《ひろかわかい》が寛政一二（一八〇〇）年に刊行した『長崎聞見録《ながさきぶんけんろく》』にも長崎は「酒肴《しゅこう》の交《まじわり》を第一とする所」と記されている。

これらの点から長崎には酒に興じる者が多かったと想像されるので、酔って起きた事件が多かったことにもある意味、納得がいく。酒の上でのこととして少々のことは水に流し、被害者が町役人とともに内済願いや吟味下願《ぎんみさげ》いを奉行所に提出して、今日的にいう示談で済ませた場合も多くあった（例えば㈣七七頁、八七頁）。しかし、なかには酒で人生を狂わせた者もいた（田中輝好「長崎奉行所判決記録に見る江戸時代の酒乱と酒狂」）。

### 酒は飲んでも飲まれるな

寛文一〇（一六七〇）年二月六日の晩、町使（長崎の治安などを担った、地役人の一つ）溝口伝右衛門の弟・久左衛門（二三歳）が、今紺屋町《いまこうやまち》で紙すきをしている伝右衛門の下人（奉公人）又兵衛を包丁で突き殺す事件が起きた。久左衛門を調べたところ、酔狂《すいきょう》（酒乱）とのことで翌々日の八日、斬罪に処した。事件の詳細は不明だが、奉行所が久左衛門を捕らえた二日後には刑が確定している。このことから刑を決めたのは奉行だったことがわかるが、刑の執行までに時間がおかれていないことに驚かされる（㈠一四頁）。

同様の件は他にも見られる。寛文一二（一六七二）年六月一八日の晩、長右衛門（三五歳）は、同じ貸家にいた庄兵衛のところで吉兵衛と酒を飲み交わしていた。何かトラブルがあったのだろうか。長右衛門が吉兵衛の背中を包丁で突いた。

互いに恨みがあったわけでもない単なるその場での酒乱とのことで、一座の者が長右衛門を叱りつけた。一座の者、とあるから、庄兵衛のほか複数の者がそこに居合わせていて、そのなかでことを収めようとしていたことがわかる。その場では、吉兵衛は大事に至らないとだれもが思ったに違いない。

しかし傷を負った吉兵衛は次第に弱り、ついには瀕死の状態に陥った。吉兵衛は毛皮屋《けがわや》町《まち》の八右兵衛の養子だが、今回の件は吉兵衛の居住する材木町の乙名と組頭が奉行所に訴えた。長右衛門は奉行所に召し出され、罪状を確認したが間違いなく、六月二三日に入牢を命じられた。なんとその後、不幸にも吉兵衛は閏《うるう》六月二四日夜半に亡くなった。これで長右衛門は殺人犯となり、翌日に死罪となった（㈠一八頁）。

翌年には利兵衛なる者も酔狂で人を傷つけ、刀傷の科で入牢を命じられている。しかしこの例では相手の傷が平癒し、いずれも意趣もなかったことから許された(㈠二二頁)。この例をふまえると、吉兵衛が死ななければ長右衛門は死罪にならなかった可能性が高い。

## 加害者と被害者の関係が刑に影響

だが相手が死なずとも、傷つけた相手との関係で加害者の刑が異なることもあった。つぎは酒に酔って相手を殺しても死罪にならなかった例である。

寛文一一(一六七二)年一二月一六日、清左衛門は酒乱の上、弟・吉十郎の腹を小刀で刺してしまい、翌日に吉十郎が死んだ。この場合、他人ではなく肉親を殺害した例となる。清左衛門は牢に入れられ、翌年六月一二日に五島に流刑になっている。兄弟間での犯行であることが清左衛門の減刑に繋がったのだろう(㈠一八頁)。

また、つぎのような例もある。享保四(一七一九)年正月二日、酔っ払った新助が主人・吉太夫の女房と娘を傷つけた。そこに吉太夫の聟・西善右衛門が現れた。この時、善右衛門も手傷を負ったが、どうにか新助を取り押さえることができた。その後、新助を取り調べてみると、普段から酒乱で、今回の件も覚えていないという。

この事件、酒乱で相手を傷つけたといっても主人の妻子を傷つけたわけで、奉行所は新助に入牢を命じ、江戸の判断を待った。何よりも忠節が重んじられる時代、主人の妻子に手傷を負わせたことは幕府にとって許されざることだった。そのため新助は死罪となった（㈠一六九頁）。

そのいっぽうで、享保九（一七二四）年、本石灰町《もとしっくいまち》の七左衛門、小平、六平次の三人が、丸山町の仁右衛門の所に行って仁右衛門に傷を負わせ、家財を壊したという事件もあった。仁右衛門の女房がこの件を奉行所に直訴し詮議がはじまった。しかし三人は酒に酔っていてその時のことを覚えておらず、日頃から仁右衛門を恨んでいたわけでもないと話した。奉行はこの三人が酒乱であることをふまえて、仁右衛門平癒の上、治療代を差し出したことから許すとした。先ほどの事件とさほど差はないように見えるが、忠節を重んじる時代にあっては加害者と被害者の関係が処罰の判断に大きな影響を与えていたのである（㈠一九七頁）。

**更生を願う**

寄合町《よりあいまち》の忠次郎は大酒飲みでわがままを働き、養父の西田忠左衛門が意見すると、かえってそれを恨み町内で騒動を起こしていた。同様のことが数度くり返されたので、養父と町の世話役と言える乙名、組頭は奉行所に実方《じつかた》（血縁の親類一同）に何でも申し付けてくれるようにと願い出た。このケース、養父たちは地縁よりも血縁の者による更生を期待して、このように奉行所に願ったのである。

その結果、忠次郎は、享保四（一七一九）年に四ヵ月ほど入牢していた。その後、養父と町役人は奉行所に忠次郎の出牢を願い出ているところから（㈠一六九頁）、養父と町役人の行為は忠次郎更生のため一時的にお灸を据えることが目的であったことがわかる。

同様の事例は享保七（一七二二）年にも確認できる。森田清左衛門は普段から品行が悪く、酒乱だった。町内のみならず隣町の者も不安なので、一家の者たちも入牢を願っていると乙名、組頭が連判して奉行所に願い出てきた。奉行所は、さしあたり犯科もないので、手錠をかけて懲《こ》らしめとして町預とした。

しかし願い出た方は奉行所の判断に納得できず、もともと乱心同然で家内の者も難儀であるとして、ふたたび乙名と組頭が奉行所に書付を持参した。奉行所としては無碍《むげ》に扱うこともできず今回は入牢を命じた。

ここまでの話だと、森田清左衛門はだれの手にも負えない人物に見える。しかし妻子にとっては違っていた。奉行所に心底は直っていると願い出たのである。奉行所は、乙名、組頭の願いが強かったから清左衛門を入牢にしたが、そもそも罪を犯したわけではない。したがって妻子の願いを受け入れ、清左衛門の出牢を許した（㈠一八〇～一八一頁）。

長崎の社会が奉行所を、問題人物の更生に利用できる存在と見なしていたことがこれらの事例からうかがえる。また奉行所の方でもその役割をじゅうぶん理解していたことを、以上の例から知ることができる。

### 町が人を支える

延享五（一七四八）年二月朔日の夜、利平治は西古川町《にしふるかわまち》の自身番所に出向き、番人の勘右衛門に傷を負わせた。おそらく勘右衛門は当番で詰めていたところを襲われたのであろう。勘右衛門の倅《せがれ》・久次郎がこの件を奉行所に訴え出た。利平治を呼び出して吟味すると酒乱で、吟味している時にも不法行為をするようなありさま。また牢内でもわがまま放題。どうやら利平治はアルコール依存症だったようである。

酒に酔った上でのこととはいえ、傷害に及んだのだから罰を受けるのは当然のように思われる。しかしそうはならなかった。勘右衛門の傷が平癒したこともあり、今回の件は酒狂が過ぎたことであるから今後はいかなる手段を用いても酒を慎ませます、といった内容の申し入れを町内の者が連判して奉行所に提出した。そして勘右衛門父子も、今回の件に意趣遺恨がない旨を町乙名に申し出た。奉行所もこれらの申し出と利平治本人が後悔している様子を考慮して、今回の罪を許して利平治に出牢を命じ、過料三貫文で済ませている

(二六五頁)。

この事例が先ほどのものと異なるのは、家族と町の、罪人に対する信頼である。こうしたことも奉行所の罪人への処分には大きな影響を与えていた。この時代、人を更生させるのに、家族だけではなく町が大きく関わっていたことをこうした事例は教えてくれる。

## 2 男と女

酒と同様、人生を狂わすものに男女の関係がある。現代社会でも同じだが、今日とは異なる身分制、また貞操観念の違いもあり、我々には考えられないような事件がたびたび起きていた。

正徳五(一七一五)年三月に長崎奉行・大岡清相《おおおかきよすけ》が長崎市中に申し渡した「條々」には、長崎の女性像がつぎのように記されている。

「だいたい長崎の風俗として女の気立ては良くなく、品行も猥《みだ》らで夫を敬《うやま》わない。甚《はなは》だしいのは夫に悪事をすすめ、悪事によって少しでも金銀を儲けることがあれば自分の身を飾るのみならず、挙げ句の果てにはもう用済みとして夫と夫婦の縁を切るようなことまであるそうで、不道の至り(人の道に外れること)その科は軽くはない。これから左様の者がいたならば必ず罰する（惣而《そうじて》当地之風俗として女の心だてよろしからず、身持猥がハしく、夫をも敬まハず、甚しきハ夫ニ悪事をすすめ、其悪事ニよりて少も金銀儲け出し候得バ、自分之身を飾り、其上ニ而ハ夫婦之縁を切候様之事有之由、甚以不道之至其科軽からず候、向後左様之者於有之は、急度可為曲事候事）」（『長崎代官所関係史料　金井八郎翁備考録　一』一九二頁）。

長崎の女性の言われ方に驚く。江戸から派遣された為政者の目に長崎の女性はこう見えていたのかもしれないが、実際はどうだったのだろうか。女性が関係したいくつかの事例から確認していくことにしよう。

## ひとりの女に翻弄された男たち

江戸時代には、夫婦関係以外のいわゆる「自由恋愛」は認められておらず、そのような関係は「不義密通」として、それだけでも処罰の対象とされていた。以下はそのような時代における、ある意味において悲劇とも言うべき事例である。

寛文一二（一六七二）年閏六月一七日の晩、本鍛冶屋町《もとかじやまち》の長右衛門（二九歳）が平右衛門（三二歳）と喧嘩して怪我を負わせた。これだけだと単なる傷害事件に過ぎないが、長右衛門と平右衛門の二人は刎首《ふんしゅ》（首をはねる刑罰）獄門となった。なぜこうした重罰になったのか。

取り調べによると、喧嘩になるまでにはつぎのような経緯があった。長右衛門は、当年一六の「みつ」という少女と、彼女が一三歳のころから密通していた。しかし事件の前年の三月ごろ、平右衛門と同町在住の八左衛門（一九歳）から、「みつ」は長右衛門を密夫としながら並行して江戸町《えどまち》在住の三郎兵衛（二二歳）とも密通していると知らされた。そのため長右衛門は三郎兵衛に「みつ」が自分と密通していることを伝え、彼女と交際しないようにさせた上で、自身も今後は「みつ」とは会わないと「みつ」の親・熊十左衛門に伝えた。これでこの話が収まっていれば長右衛門の判断は賢明だったと言ってよいだろう。だが、この話には、続きがある。

なんと、三郎兵衛と「みつ」の密通を長右衛門に注進した八左衛門もまた、前年九月から「みつ」と密通していたのである。これが長右衛門の知るところとなり、長右衛門は事情を確認したいと平右衛門、八左衛門に申し入れた。二人して「みつ」の密通を長右衛門に注進したことからもわかるように、この二人はかねてから入魂《じっこん》の仲だった。二人で申し合わせた上、八左衛門がまだ若いことから平右衛門ひとりが長右衛門方を訪れた。そこで長右衛門が平右衛門と喧嘩になり平右衛門に怪我を負わせたのである。

この傷害事件がきっかけとして密通の件が明らかになり、平右衛門は「みつ」と通じてはいなかったが長右衛門とともに喧嘩両成敗《けんかりょうせいばい》として刎首獄門、八左衛門は懲らしめとして牢舎で陰茎切《いんけいぎり》、「みつ」も牢舎で劓刑《ぎけい》（鼻そぎ）に処された。三郎兵衛も警《いまし》めとして一ヵ月程度の過怠牢（敲などの代わりに入牢させた刑罰）となっている（㈠一九頁）。

今日の日本にはない、想像を絶する身体刑。今日と明らかに異なる社会が江戸時代であった。この事例で関係者がみな重罰に処せられたのは、これがたんなる傷害事件ではなく、当時の社会で大罪とされた不義密通だったからである。だが、大岡清相の言葉にも見られるように、極端な男尊女卑社会であった江戸時代だが、それでも極刑に処されることを知りながら、男を手玉に取る女性が存在したことを教えてくれる事例でもある。

これら以外にも、男女の仲のもつれから起きた事件は「犯科帳」に数多く記録されている。その中からいくつか紹介していこう。

**心中の結末**

小川町《おがわまち》の清川甚兵衛の下人・喜太郎（二三歳）と同家の下女「なつ」は密通していたが、主人にそのことを知られてしまった。二人は天和四（一六八四）年正月六日夜に心中することを決意し、まず喜太郎が「なつ」を刺殺した。だが喜太郎は自害しようとしたが死にきれなかった。喜太郎は町内の乙名、組頭から奉行所に訴えられ、同七日に刎首となった（㈠四六頁）。自由恋愛が認められない時代、この二人のように自ら死を選ばざるを得ない人は少なくなかった。

## 身元不明の死体

つぎのような例もある。晧台寺境内にある耕雲庵の小屋で死体が見つかった。奉行所から検使が派遣され、相対死《あいたいじに》（心中）であることが確認された。遺体の身元確認に立ち会ったのは耕雲庵に住む僧・東岫および彼の下人・清蔵、そして遊女町・丸山町の揚屋《あげや》の主人「はる」、同じく遊女町・寄合町の遊女屋筑後屋の主人・平右衛門、死んだ遊女・花園の抱《かかえ》遣手《やりて》であった「つね」、花園の伯父・源次平と姉「けん」の七名。彼らの証言から、死者は住所不定の僧と筑後屋平右衛門の抱遊女・花園であることが判明した。

身元が判明したのはよかったが、「二人の遺体は捨て置いた（両人之死骸は引捨申付候）」とあるから、家族などが遺体を引き取り埋葬することは叶わなかったことがわかる（㈤二九〇頁）。

ここで取り上げた者たちが、愛をつらぬくことの代償を知らなかったわけがないだろう。時代や社会の違いに関係なく理性を麻痺させる愛の力を、こうした事例は改めて教えてくれる（㈠二四三〜二四四頁）。

## 片思いの末に

長崎市東隣の佐賀領古賀村《こがむら》（現・長崎市古賀）在住の源左衛門の娘「すえ」は、長崎に住んでいたのだろう、つねづね不行跡者であるとして、親元（古賀村）に引き取らせて外に出ないようにと奉行所から命じられていた。しかし「すえ」は命令に従わず、元文五（一七四〇）年四月一六日、親の目を盗んでふたたび長崎に出奔した。源左衛門は病で歩くことができなかったので、代わりに聟の代七が「すえ」を探しに長崎に出かけた。翌日には「すえ」を見つけ出し、親元に連れ帰ることにした。この際、同村の久七なる人物も商いを終えて古賀へ戻るところだったので同道した。

途中、「すえ」が気分が悪いと言ってきたので、しばらく休むことにした。代七と久七は疲れていたのか寝入ってしまった。ところがこともあろうか「すえ」が久七の脇差を盗み取り、長崎に舞い戻ってしまった。脇差を奪われた久七は、かなり動揺したに違いない。しかし彼はそのまま村に戻った。いっぽう、代七は「すえ」を追って長崎に引き返した。翌日、清水寺《きよみずでら》門前で「すえ」を見つけた代七は、脇差を取り上げ、村に連れて帰ることにした。

この時、代七は「すえ」に、なぜたびたび親元から逃げ出して長崎に行くのか尋ねている。「すえ」は、同村の幸助の妻になりたいと答えた。この幸助が商いのため長崎に逗留しているとのことだったので、代七は彼の気持ちを確認しにふたたび長崎に赴いた。幸助は、代七に、「すえ」の気持ちには応えられないと答えた。それでも何とかしたいと思ったところに代七の「親心」を感じるが、代七は豆腐屋の市左衛門に「すえ」と幸助の間を取り持ってくれるように頼んだ上で「すえ」を親元へ送り届けた。

これでうまく行けばよかった。しかしことは思ったようには進まなかった。同月二八日、市左衛門方を訪れた代七と「すえ」は、どうしても幸助が承知しないと聞かされた。これを聞き、「すえ」は市左衛門の家を飛び出した。「すえ」の行き先は、幸助が宿にしていた宇兵衛のところだった。後を追った市左衛門は、夜四つ頃（二二時頃）になっても幸助と「すえ」が大きい声で話をしているのを宇兵衛方で聞いたので安心して家に帰った。

だが安心したのも束の間、幸助と「すえ」が市左衛門を訪れた。後に幸助の自白により、これは宇兵衛のところで大声で話すのを遠慮したからであったことが明らかとなった。改めて「すえ」は幸助に対して夫婦になりたいと一途な思いを伝えたが、気持ちは幸助に届かず、一緒にはなれないとのことだった。

さすがに面と向かって相手からこう答えられると、「すえ」も辛さに堪えきれなかったようで、市左衛門方を飛び出した。幸助はしばらく市左衛門と話をした後、夜九つ時（二四時頃）、宇兵衛のところに帰っていった。

これで一件は落着したかと思われた。だが誰もが予想できない結末となった。

翌朝六つすぎ（六時すぎ）、豊後町《ぶんごまち》の木戸（門）の柵で女の縊死《いし》死体が見つかった。これが「すえ」であった。現実を直視できず思いあまってのことだろうが、死んでからも不幸は続く。見つけたのは門番の甚兵衛と弥兵衛だったが後の面倒を嫌った甚兵衛が、同所西門番の源右衛門と申し合わせて矢来《やらい》から遺体を下ろすと、こともあろうか隣町・桜町の辻番の脇に死体を捨てたのだ。

当然、死体を捨てた二人の門番は後に罰を受けたが、「すえ」の死で問題になったのは、彼女と幸助の関係であった。

ここまでの話では、幸助にとってはただただ迷惑な話にみえる。だが奉行所は、「すえ」と幸助が密通関係にあり、幸助が「すえ」に先々妻にすると内約束していたものの、何かがあってできなくなり、これを恨んで「すえ」が自死したのではないかと二人の関係を疑ったのである。「すえ」はすでに死んでいて、事実の確認のしようもない。幸助にはまさしく不運としか言えない事態である。

長崎奉行は事実確認のため、「すえ」の親、親類を再三取り調べた。最終的な判断を下す材料として奉行所が重視したのは二つの自供であった。一つは、幸助が「すえ」を妻にするとした約束をだれも聞いていないこと。そして代七が「すえ」にどうして幸助なのかと聞いた時、ただただ幸助の妻になりたいとの思いのみを述べていたことであった。以上から長崎奉行は、「すえ」が幸助との関係を恨んで自死したわけではないとして関係者を許した(㈠三七〇～三七一頁)。

代七は「すえ」の幸助への思いを知り、どうにか成就させたいと考えた。しかしその行動が、結果的には「すえ」を追い詰めることになってしまった。「すえ」のような気持ちを落ち着かせるためには何が最善であったのか、いつの時代でも、誰にとっても難題であったに違いない。

## 男性の片思い

片思いは当然のことながら、女性に限られたことではなかった。片思いと誤解から下手人(死刑)になった男性もいた。

吉之丞は、享保八(一七二三)年六月二七日、西浜町に住む伝十郎の後家方に斬り込み、後家と同町の次右衛門に手傷を負わせたのみならず、取り押さえようとした四兵衛なる人物を斬り殺してしまった。

奉行所の詮議によると、吉之丞はかねてからこの後家に思いを寄せていた。だが、後家はその気持ちに応えなかった。そんな折、次右衛門が後家の所に出入りしていたことから、吉之丞は彼と後家との密通を疑い、二人を殺すために後家の所へ向かったのだった。だが実際には二人は密通しておらず、後家は町預として江戸へ伺ったが何の刑も科されずに許された。罪なき四兵衛は命を落とすこともなかったはずだが、吉之丞の後家への強い思いが今回の悲劇を引き起こしたのだった（㈠一八七頁）。

## 前妻と居合わせて傷害事件に

筑前（福岡県）無宿・林次は、安永四（一七七五）年一一月、長崎を訪れた。怪しいことに彼は蝦夷地《えぞち》（北海道）松前《まつまえ》本町在住の大助という偽名を使っていた。逗留中に今紺屋町の「のふ」と夫婦になり、たびたび二人で他国に旅に出ていた。ところが「のふ」は旅先で林次から「暇之手印」（離縁状）を突きつけられ、致し方なく長崎に戻ることになった。

その途中で「のふ」は豊後（大分県）出身の無宿・卯平次に出会い、二人で長崎に戻った。その縁で「のふ」は長崎村の吉兵衛に卯平次を止宿させてくれるように頼み、その後、二人は夫婦になった。この新たな出会いから結ばれた二人に不幸が起きる。

安永五（一七七六）年一二月二一日のこと、「のふ」と卯平次は吉兵衛方で昼食をとっていた。そこに林次が踏み込み「のふ」と卯平次に手傷を負わせた。林次は「のふ」が卯平次と夫婦になっていたことを怒って犯行に及んだのだった。

「のふ」にとっては、林次から暇を遣わされたわけで、今回の件は災難としか言いようがない。自分から離縁しておきながら、「のふ」への想いがよみがえったのか、それとも「のふ」一人が幸せに暮らしていることへの妬みからの犯行だったのかは不明である。

卯平次・「のふ」に手傷を負わせた林次は、一二月二四日に入牢となった。卯平次は同日に溜に入れられ、傷が癒えた後に牢に移された。「のふ」は同日手鎖の上、町預となっている。その後、卯平次・「のふ」ともに傷は癒えた。卯平次は仕事にも差し障りはないし、今後遺恨はないと牢守へ伝え、再三吟味下、林次の宥免を願い出た。「のふ」も同様の申し立てを行った。林次も今回の件を後悔しており、遺恨はないと牢守へ伝えた。牢守が林次にこれを質《ただ》したところ、相違なく遺恨はないと改めて申し出た。

この結果、それぞれ宥免となって吟味を終えた。「のふ」は許され手鎖の上、町預の現状が解かれた。卯平次・林次は盗賊方・旅人方の乙名に引き渡され、今後、長崎へ立ち入ってはならないと言い渡された(㈢二六八〜二六九頁)。そもそも無宿は移動の自由がなかったわけで、これは刑罰ではない。

なぜ卯平次も「のふ」も林次を許したのか疑問は残るが、人は一時の衝動から取り返しのつかない行動をとる場合があるということであろうか。現代でも起きそうな事件がこの時代にも起きていたのである。

## 妻仇討ち

ここまでの事例では、互いに妻や夫がいなかった。だがそうでない場合には、今の時代では考えられないような厄介なことが起きていた。

元禄二（一六八九）年一二月九日、髪結いの金六は、女房が弟子の六兵衛と密通していることを知り、同夜、六兵衛を斬り殺した。女房は逃げ去り、町の者が金六を捕まえて奉行所に差し出した。詳細はわからないが女房は見つかり、奉行所でことの次第が二人に糺され、六兵衛と女房の密通が明らかになった。これにより女房は翌一〇日、西坂（長崎の刑場）で死罪となった。

六兵衛を斬り殺した金六は、密通した妻とその相手を夫が殺してもよい時代だったのでお咎めなしとなっている（㈠六六頁。氏家幹人『不義密通』）。

また出来大工町《できだいくまち》の住人・三助は、享保一一（一七二六）年七月二八日、同店《どうたな》（奉公先が同じ）の長兵衛と女房の不義を見届け、両人を斬り殺した。二人の親兄弟を呼んで吟味すると、かねて密通していたのは紛れもない事実であり、遺体は取り捨てることが命じられ、三助は町預となった。取り捨てるとは遺体を葬らないことであり、死者への最も不名誉な仕打ちであった。

八月三日、再度呼び出し吟味したところ、不義は事実であったことが確認されたので、奉行所は親兄弟にその証言を証文にして提出させている。そして三助に対しては、残忍な殺し方であったのか、「強過たる仕方」を叱り、軽はずみなことはしないようにと伝えた上で許している(㈠二二八頁)。

つぎの事例もある。寛保三(一七四三)年九月二三日の夜、後藤新左衛門の奉公人・小松貞之進が、唐方稽古通事・彭城義藤太《さかきぎとうた》の留守宅を訪れ、義藤太の妻と密会した。そこになんと、義藤太が帰宅した。義藤太は即座に二人を打ち捨てようと思ったが、貞之進が深く詫びるので思いとどまり、その場では許した。この時、舅の河辺遊仙《かわべゆうせん》に事情を伝えた上で妻を彼に預けている。

これで丸く収まればよかった。だがそうはならなかった。義藤太の妻と貞之進の気持ちは冷めず、早くも五日後の二八日夜、松森天神社《まつのもりてんじんしゃ》内の水茶屋で密会した。運悪くというべきか、運良くというべきか、願掛けのため松森天神に参詣した義藤太が二人の密会を見てしまった。さすがに義藤太も堪忍袋の緒が切れ、その場で貞之進を斬り殺した。妻は逃げ去り、難を逃れた。

義藤太は、ことの次第を月番《つきばん》町年寄・福田六左衛門に報告した。問題になったのは、最初に密会を知った時に打ち留めなかったこと、そして二度目にも妻を逃してしまったことだった。このことが奉行所に「未熟」と判断され、義藤太は親類宅に預けられ、三〇日押し込められた。翌年四月四日、元のように勤めることを許されたが、妻が見つかり次第討ち取るか、捕らえて奉行へ差し出すようにと命じられている（㈡一一二頁）。その後、この「妻仇討ち」がどうなったのかは不明である。

義藤太は妻に対する想いから、罪を咎めず義父に妻を預けたのだった。しかし当時の基準ではこの判断は甘いと言われても仕方のないことだった。したがって義藤太はついには自らの手を汚すはめになってしまった。相手によっては返り討ちにされる可能性もあったはずだが、社会規範が守られなければそれが罪となる時代である。このような価値観は現代人には理解しがたいが、江戸時代でも後に考えが変わったようである。寛政八（一七九六）年、幕府は妻仇討ちを避けるべきだと教示するようになった（平松義郎『江戸の罪と罰』四九頁）。

## 駆け落ちしたけれど

傾城・初菊は、旅人・又三郎と示し合わせて駆け落ちした。手引きしたのは新大工町《しんだいくまち》の住人・宇兵衛。二人は新大工町のすぐ近く、桜馬場《さくらばば》の新平の所に匿ってもらっていた。これを出来鍛冶屋町《できかじやまち》の住人・十兵衛が見つけて初菊を抱えていた山口屋庄左衛門に伝え、庄左衛門は隠れていた初菊を連れ戻した。

享保一五（一七三〇）年一二月二五日に駆け落ち届けが奉行所に出され、晦日《みそか》に住居赦免の願いが出されているので五日以上の駆け落ちであった。おそらくこれらの届けは山口屋庄左衛門によると思われるが、初菊は奉行所に呼び出され、親方の掟に背いたことは不届き千万であり、今後こうしたことは慎むようにと「急度《きっと》（屹度）叱《しかり》」を申し付けられたが、所払は免れ、そのまま住まいは許された。

ところで、初菊を匿まっていた新平と、彼女を預けた宇兵衛はどうなったのだろうか。新平は「犯科帳」には「数日揚屋致」とある。彼は匿い先の桜馬場では茶屋をやっていたようで、初菊にも自分の茶屋で客をとらせていたと思われる。初菊を見つけた十兵衛は、もしかすると新平の茶屋に客として来ていたのかもしれない。この件で新平は掟を守るように叱られ、初菊を隠し置いた日数の揚銭相当を宇兵衛とともに山口屋庄左衛門に渡すようにと命じられている。新平と宇兵衛は山口屋庄左衛門に営業妨害をしたとみなされ、その損失補塡を科されたのである。

初菊と駆け落ちした又三郎については「犯科帳」には記録がない（㈠二六一頁）。想像するに、初菊は新平に又三郎への思いを利用されただけだったのではないだろうか。新平には初菊を匿うメリットはない。駆け落ちした又三郎と初菊の弱みにつけ込んで、又三郎は追い払い、初菊を丸め込んで自分の茶屋で客を取らせていたのだろう。愛を貫くことの叶わない、非情な社会の姿がここにはある。

## 遊女の願いを受け入れたばっかりに

享保一七（一七三二）年三月一九日、油屋町《あぶらやまち》の住人・太十郎は、丸山町のすぐ隣に当たる小島村の権右衛門方に、丸山町の遊女屋・藤屋定右衛門抱の遊女「みゆき」を呼び出した。また大村（現・長崎県大村市）からの旅人・理右衛門も、同人抱の遊女・恋橋を同所に呼んでいた。昨夏頃からこの男二人はたびたび会っていたようだが、二〇日の夜、彼らは遊女を連れて駆け落ちした。それを知った定右衛門が奉行所に訴え出た。

事情は奉行所から太十郎の住む油屋町の乙名に知らされた。油屋町の乙名が理右衛門の宿町である勝山町《かつやままち》の乙名に尋ねたところ、二四日、肥前小城《おぎ》（現・佐賀県小城市）で勝山町の追っ手に捕らえられたことが確認された。

旅人は止宿すると、止宿する町の乙名に届けを出さなければならなかった（『長崎代官所関係史料　金井八郎翁備考録一』一九三頁）。旅人の捜査にも宿町が責任を負ったので、理右衛門の捜索は勝山町が行ったのだった。町の治安は、こうした仕組みで守られていた。

理右衛門は同二六日、長崎に連れ戻され奉行所で吟味された。そこで明らかになったのは以下である。

二〇日に遊女二人を留め置いた太十郎と理右衛門だが銀子《ぎんす》の持ち合わせはなかった。そのため「みゆき」、恋橋の小袖一つずつを質物にして銀子と取り換え、揚代とした。

ところが「みゆき」は、主人が遊女に厳しく、衣類など質物に出して代わりを着ないで帰ったらどんな折檻《せっかん》にあうかわからない。すぐに銀子の用意ができないのであればこのまま帰ることはできないからどこへなりとでも連れていって、と太十郎に懇願した。太十郎はどこへも行く気持ちはないと答えたが、どんなに難儀で袖乞《そでこい》（乞食）することになってもかまわないので連れていってほしい、と「みゆき」に再度懇願された。

もしかすると「みゆき」は折檻を受けた経験があった、あるいはそうした状況を見たことがあったのかもしれない。安政六（一八五九）年の遊女の年季奉公人請状《うけじょう》を見ると、無作法、不届きがあったならば、いかなる場合も説教したり、折檻したりしても構わないと書かれているので（「安政六年未二月廿八日付相定申書物之事」）、遊女本人もこうした請状の存在は知っていたに違いない。

太十郎は行先に心当たりはなかったが、致し方なく連れていく決断をした。理右衛門と恋橋も連れて権右衛門のところを出ると大村に行き、そこから小城に至ったところで二四日、先述のように勝山町の追っ手に捕まったのであった。

奉行は、今回の件は事前にたくらんだ事実もなく、遊女を盗んで連れ出したわけでもない。しかし銀子の持ち合わせがないのであれば、金を用意してすぐに返せばよいところを返さず、遊女たちの小袖を質物に入れ難儀させた。その上、遊女たちと逃亡したのは不届きだとした。しかし特別に許され、太十郎に過料として四貫目を命じ、「みゆき」の小袖質物で得た銀一〇匁九分を差し出させた。自業自得といえばそれまでだが、太十郎には高くついた。

理右衛門には恋橋の小袖質物で得られた一九匁五分を差し出させ、在所に帰り、今後、長崎に来てはならないと申し渡した。理右衛門は勝山町の中牟田伝太郎の小屋に居候しており、大村の杭出津《くいでつ》村に兄がいた。そのため奉行所は身柄を勝山町の乙名・西郷吉郎右衛門に渡し、兄のところに送り届けるように指示している。長崎に滞在する者の掌握に各町の地役人が深くかかわっていることをこの事例から知ることができる。

さて、今の状態で帰ったら厳しく折檻にあうことも予想されることから、どんな苦労が待ち受けようと構わないので連れていってほしいと望んだ遊女二人はどうなったのだろうか。

奉行所は、計画性がなかったのはたしかにそのとおりだとしても、主人に叱られると予想できたのであればどんな理由があっても質入れしてはならなかったと、二人の行為は主人に背くものに他ならないとした。そして、年季の内での逃亡は不届きであり、本来、奴婢に落として定右衛門に与えるところだが、事情もあるので残りの年季を勤めるようにと、お咎めなしで定右衛門に引き渡した。

事件の当事者はこれら四人だが、それ以外の三人にも吟味があった。まず、勝山町の八助。彼は理右衛門の勝山町での請け人であった。奉行所は、これまでも旅人の扱いについて怠ることのないようにと命じていたにもかかわらず、人柄などを見届けないまま、また町役人に許しも請わずに理右衛門を町内においたのは不届きであるとした。ただし今回は宥免とし、過料として五〇〇文のみを命じている。

もう一人は、丸山町の遊女屋・藤屋定右衛門である。これまでの事情を勘案するとある意味、被害者にも見えるが、夫婦とも日頃から抱の遊女への接し方が宜《よろ》しくないとの風聞があったらしい。奉行所は、わずかな折檻は同業者もしているようだから許すが、こうした風聞があるので「みゆき」と恋橋を奴婢に落とすのではなく定めた年季のとおりにするようにと伝え、今後もし無理な折檻がなされたとの申し出があった場合は吟味すると申し渡した。定右衛門の場合、明らかに度が過ぎた状況があったのだろう。長崎奉行が許せる折檻がどの程度のものなのか知りたいところだが、ともかく、度が過ぎると見なされた折檻は容認しないとする奉行のスタンスがここからは読み取れる。

最後の一人は、四人に宿を貸した小島村の権右衛門。捕まった四人は、権右衛門は今回の駆け落ちを知らなかったと自白している。だが奉行所は、遊女を呼ぶ者が宿を貸した者の中にいたならば、彼らが近所に出かけるだけであっても夜中には人をつけて把握しておくべきだとしている。そのため権右衛門が人をつけず、彼らを逃亡させた責任は免れないというのが奉行の認識であった。すなわち宿の貸し手は外部からの旅行者の管理責任を、外出時も夜間にも負っていたということだ。江戸時代が今日とは異なる特殊な監視社会であったことが以上の事態からうかがえる。

最終的には権右衛門も今回は宥免とされ、四人が逃亡した翌日の二一日から長崎に連れ戻された二六日までの遊女の揚代六日分を差し出すようにと命じられるにとどまった（㈠二七七〜二七九頁）。

## 現代とは異なる夫婦間の責任

男と女の関係としては夫婦もある。現代と「犯科帳」の時代とでは、この関係についての認識にも異なる面があった。

常吉と「みつ」という夫婦がいた。夫の常吉は精神を病んでいて療養していた（「気分不揃躰ニ有之療用手当いたし」）が、天保一一（一八四〇）年三月二一日夜、妻「みつ」が常吉の薬を取りに出かけた留守中に剃刀で自殺した。

現代の社会では、「みつ」が咎められることはないだろう。しかし、常吉を一人にしたことが咎められ、「みつ」は「心づけ不行き届き」として奉行所に叱責（「急度叱」）されている（(八)三八八頁）。

病人に常時つきっきりでいることは、どの時代でも無理だろう。ましてやこの事例では、夫の薬を取りに行くために夫を一人にせざるを得なかったのだった。しかしながら、そのような致し方のない理由があったにもかかわらず、「急度叱」といった程度のものではあるとしても、甘んじて罰を受けなければならなかったのだ。貝原益軒《かいばらえきけん》の『女大学《おんなだいがく》』に「婦人は、別に主君なし、夫を主人と思ひ、敬い慎みて事《つかふ》べし。軽しめ侮るべからず」とあることをふまえると、いかなる場合にも妻は夫に従うべき、いかなる事情があったとしても妻は夫の身を護るべき、というのが社会の「モラル」とされていたと考えるべきだろう。

## 夫を殺されても生きるためには……

最後に、その弱い社会的立場ゆえ、夫婦の関係を犠牲にしても生きることを優先せざるを得なかった哀しい「妻」の事例を紹介したい。

享保九（一七二四）年八月一三日の夜、北馬町《きたうままち》の乙名・高野善太郎が同町の住人・左助を斬り殺す事件が起きた。知らせを受けた奉行所が善太郎を呼び出し詮議したところ、乱心であったことは間違いなく、一六日、善太郎は揚屋に入れられた。

殺害に至った経緯は「犯科帳」からはわからない。だが、その後、夫を殺害された左助の女房が奉行所に願書を持ってきた。ここまでの話だと、女房は善太郎への極刑を嘆願したのだと思うだろう。だが事実は逆で、夫を殺害した善太郎の助命嘆願であった。

左助は善太郎の親である善右衛門に数年仕えた後、今では善太郎に仕え、夫婦は彼からの賃金で暮らしていた。つまり左助は長年仕えてきたその当の主人に殺されたのである。したがって女房が善太郎を憎む方が自然ではないかと思うだろう。

しかし女房は夫の死よりも現実の生活を見ていた。左助には親類がなく、善太郎が罰を受けてしまうと幼子を抱えた女房は生きてゆけなくなる。被害者家族保護の仕組みがない当時、この女房の判断は理解されるものだったのだろう。経緯は不明だが、女房の動きに呼応するかのように北馬町組頭、そして組合乙名たちも奉行所に善太郎の助命を願い出た。

奉行所はこれらの助命願いを江戸に知らせた。江戸の判断は助命願いを受け入れるというものだった。善太郎には乱心者として押し込めが申し渡され、善太郎の親・善右衛門に渡された（㈠二二四頁）。おそらくこの処分により左助の家族の家計は守られたのだろう。

今日、貧困児童が社会問題化しているが、その多くはひとり親世帯で、特に母子家庭は収入が低いとされている。女性の自立が今以上に困難だった社会で生き抜くことは、今からは想像できないほどの苦難であったに違いない。左助の幼子の年齢はわからない。もし自分の置かれた状況とこうした経緯がわかる年齢であったとしたら、その心境はいかばかりであったことか。

## 3 喧嘩口論

### 口論から傷害事件に

「火事と喧嘩は江戸の花」という言葉がある。江戸の二大名物のひとつが喧嘩。江戸っ子は気が早く喧嘩が多かったというのである。では長崎ではどうだったのだろうか。

宝暦一一（一七六二）年五月一二日夜、北馬町の住人・伊八と文蔵が口論になった。文蔵が伊八宅の前を通りがかった時、伊八が文蔵の親・半蔵の悪口を言ったと思い込んだのがことの発端だった。双方言い合いとなったが周りにいた者たちが両者を宥めて文蔵を帰らせた。この程度の喧嘩や軽い傷害事件はそれぞれの町の乙名の判断で話を収めることができたのだ。

しかし言いがかりを付けられた伊八の気持ちは治まらなかった。同一二日夜、伊八は文蔵が通りがかったところを後ろから割木《わりき》で頭を殴った。どのくらいの割木を使用したのか不明だが、不意を突かれて頭に傷を負った文蔵は、同町の三次郎のところに逃げ込んだ。いっぽう伊八は同町の平次兵衛のところに向かった。文蔵の家の近くに住んでいた親の半蔵は、このことを知ると木刀を持ち、本大工町《もとだいくまち》に住む伯父の市左衛門を伴って文蔵とともに平次兵衛方に駆けつけた。そして、「伊八、外に出てこい」と叫んだ。仕返ししようとしたのである。

すると、伊八、平次兵衛に加えて茂八なる者も出てきて殴りあいとなった。近所の与七と伊三太も加わった。文蔵は包丁を持参しており、伊八に手傷を負わせている。災難だったのは、この夜、自身番に詰めていた伊三太である。騒動を収めようと駆けつけたが、市左衛門を抱き留めようとしたところをだれかに後ろから肩を突かれて倒れ込んでしまった。以後の状況は覚えていないというから、失神したのだろうと思われる。

この件では関係者八人が同月一六日、町預や入牢などになっている。どういう経緯で奉行所に事件が伝えられたのかは不明である。

伊八、半蔵は出牢の上、押込二〇日。文蔵は出牢の上、押込、過料三貫文を命じられた。市左衛門は押込一〇日。平次兵衛、茂八、与七の三人は、「急度叱」となった。最後に失神した伊三太だが、騒動を鎮めようとして駆けつけ傷を負うほどの働きをしたことが褒められ、文蔵が差し出した過料三貫文を褒美としてもらっている（(二)三〇八〜三〇九頁）。

一度解決したように思えたが、当事者の収まりがつかず、地縁・血縁の関係で町内を巻き込んだ大喧嘩になってしまった。江戸っ子に負けず劣らず血の気の多い連中が長崎にも多くいたようである。

**性差に関係なく血の気が多い**

元禄五（一六九二）年、子どもの喧嘩が刃傷沙汰にまで発展する事件が発生した。北馬町の久三郎（一七歳）の弟と五兵衛の娘が喧嘩した。これを受け、五兵衛の女房が久三郎方に行って悪口を言い、のみならず久三郎に嚙《か》みついた。怒った久三郎は五兵衛の女房を包丁で突き殺した。久三郎は牢屋にて刎首となった（(一)七三頁）。

つぎの事例もある。寛延《かんえん》二（一七四九）年五月二二日の夜、恵美酒町《えびすまち》（恵美須町）の住人・勘左衛門と遊女町・寄合町の石見屋亀之助方の下女「せき」が口論となった。発端はわからないが、勘左衛門が「せき」を殴って傷を負わせた。この件で「せき」は当日に町預となり、勘左衛門は翌日、入牢となっている。

奉行所は、傷が治った「せき」を呼び出して吟味した。七月一三日に刑を言い渡されているのを踏まえると、全治二ヵ月程度の怪我をしていたことになる。刑を執行するにあたって明らかになったのは、最初に手を出したのは「せき」であったことである。煙管《キセル》で勘左衛門を叩いたことから今回の件ははじまったのだった。怒った勘左衛門は「せき」を殴った後、彼女の主人・亀之助の家に踏み込み、亀之助の母親も殴って暴れた。勘左衛門は「せき」に殴られて頭に血が上り善悪の見境がなくなっていたのだろう。

「せき」は、先に勘左衛門に手を出したのはお咎めの対象だとされたが、傷を負った点を斟酌されて許された。他方、勘左衛門は、「せき」との一件には情状酌量の余地があるものの、それ以外では一方的な加害者であると長崎奉行は判断した。かくして勘左衛門は所払を命じられた(㈡八六頁)。

## 口論の末に殺人

延享《えんきょう》三(一七四六)年一〇月二九日の夜、東中町《ひがしなかまち》の伝次郎が、いかなる理由があったのかは不明だが、今籠町《いまかごまち》の貞次郎と口論になった。翌日夜、伝次郎は平助、幸八、平三郎、さらには忠次平、虎松、および平五郎を引き連れて貞次郎の所に行き彼を打擲した。この結果、貞次郎は死んでしまった。

伝次郎らは捕らえられて吟味され、まず伝次郎が紛れもない事実であると自白した。江戸への伺いの結果、翌四年五月一九日、伝次郎は家財を取り上げの上、下手人（死刑）を命じられた。通常、下手人の場合、田畑の闕所（取り上げ）を伴うが、伝次郎が田畑を所持していなかったのでその代わりとして家財取り上げになったのかもしれない（「長崎町乙名手控」）。江戸の判断は、加勢した仲間についても同様であった。しかし、忠次平、虎松、平五郎の三人は、行動はともにしたものの貞次郎には手を出さなかったことが明らかになった。このことが斟酌され、罪一等を減じられ、所払に止まった。なお、一味の一人、虎松はこの下知が長崎に届く前に病死していて受刑できなかった。

では他の三人はというと、伝次郎同様、貞次郎を殴ったことは事実と認められたが、長崎奉行所は江戸に宥免を願い出た。これにより彼らの処分は家財取り上げの上での追放に止まった。

この事例で興味深いのは、それぞれの刑の執行日が同一であったのか、そうでなかったのかはわからないが、忠次平と平三郎が北の時津《とぎつ》境から、平五郎、幸八は東の日見《ひみ》峠から、そして平助は南東の茂木《もぎ》境からと、長崎の異なる「口」から町使によって送り出されたことである。仲間同士がその後、結果的に落ち合うのは致し方がないとしても、それぞれを別の街道から追放しているのである。こうした工夫も支配する側はしていたのだ（㈡五七～五八頁）。

## 長崎最大の「喧嘩」

元禄一三（一七〇〇）年一二月一九日、裁かれる者二八名、内、死罪を命じられた者一八名に上るという「大喧嘩」が発生した。

長崎には、別名、喧嘩坂といわれる坂がある。この名は『葉隠《はがくれ》』で有名な山本常朝《やまもとつねとも》が「長崎喧嘩」と呼んだある事件にちなんでつけられた（この一件は「深堀騒動」ともいわれる）。

事件の発端は、この元禄一三年一二月一九日、佐賀の鍋島家領である長崎の南、深堀《ふかほり》の地を治める鍋島茂久《なべしましげひさ》の家臣・深堀三右衛門および芝原武右衛門と、長崎の町年寄を長年務める当地の名家・高木彦右衛門の下人との口論であった。当日、高木家の近くのこの「喧嘩坂」でのすれ違いざま、深堀側がはねた泥がかかったと高木の下人が言いだし、かかったかからないの口論となった。いったんは引いた両者だが、その後、治まらなかった下人たちは仲間を引き連れて鍋島茂久の屋敷に押し入り狼藉を働いた。屋敷にはあいにく先述の二人しかいなかった。彼らは抵抗できなかっただけでなく自らの大小両刀を奪われるという、武士としてあるまじき大失態を犯してしまった。

襲われた二人はすぐさま深堀に使いを送った。そして同日深夜、駆けつけた深堀側の縁者や朋輩が高木彦右衛門の屋敷を襲撃し、彦右衛門他八名を殺害した。その直後、深堀三右衛門は襲撃先の高木邸で、芝原武右衛門は浜町《はまのまち》の大橋《おおはし》で切腹した。

喧嘩坂（筆者撮影）

この一件で裁かれた者は上述のとおり二八名に上った。高木家を襲撃した深堀側では鍋島茂久の家来一九名。うち一〇名は最初に高木彦右衛門の屋敷を襲撃した者たちで、残る九名が後から駆けつけた者たちであった。前者は死罪、後者は五島への流刑となった。いっぽう、最初に鍋島茂久の屋敷を襲撃した高木側では高木彦右衛門家人・又助以

「深堀義士」の墓（長崎市深堀菩提寺　筆者撮影）

下八名は死罪とされ、また高木彦右衛門の倅・彦八郎は親である彦右衛門が討ち取られた時もその場へ出向いて立ち合うこともなかったことは不届きとのことで、江戸からの下知として長崎五里四方追放の上、家財・家屋敷闕所が命じられた（㈠九一〜九二頁）。

こうした事例から、狭い町の中でさまざまな暴力事件が起きていたことがわかる。江戸時代の人びとが、後先のことも考えずにかっと頭に血の上りやすい、血の気の多い人びとであったことがこれらの事例からうかがい知ることができる。最後の事例のような大規模な喧嘩はさすがにいつも起こっていたわけではなかったが、今では考えられないようなこんなことも、実際起きていたのである。

# 第三章　犯罪者たちの素顔

これまでの「犯科帳」を使った研究では、個々の事件がもっぱら注目されてきた。ここでは事件ではなく、事件を起こした罪人に注目して当時の社会像に迫りたい。

とは言え、史料の性格上、罪を犯す以前の人生はわからない。しかし「犯科帳」を読んでいると再犯者が目につく。個々の犯罪事例の羅列ではなく、同一人物の一連の犯歴を繋げることによって、どんな人物がどういった犯罪をくり返したのか、「累犯者」像を抽出することによって、この課題に取り組むことにしよう。

人は何らかの共同体にさまざまなかたちで属している。したがって血縁、地縁、現代的に言えば職縁といったものと犯罪・犯罪人との関係を見ることからも、江戸時代の社会像の一端が垣間見られるはずである。また犯罪には、社会に対する不満の表現という側面もある。その証拠に、犯罪者の中には自分の身を犠牲にしてまで公儀に訴える行為に至った者たちがいた。では、彼らの動機は何だったのか。そこから当時の社会を考えたい。

## 1　累犯者たち

### 死罪を免れた与惣兵衛

「犯科帳」に三度載った男がいる。その名は、与惣兵衛。与三兵衛とも書かれる。享保一二（一七二七）年には四三歳だったことが「御仕置者《おしおきもの》奉窺《うかがいたてまつり》候《そうろう》覚《おぼえ》」からわかるので、生まれは貞享《じょうきょう》二（一六八五）年となる。最初に載ったのは享保三（一七一八）年、三四歳の時で（㈠一六五頁）、「犯科帳」にはつぎのように記されている。

与惣兵衛、六兵衛、七郎兵衛の三人が主犯として現在の福岡県北九州市若松《わかまつ》沖で沖買《おきがい》（密貿易）をした廉で捕らえられた。

生所　長崎之者　宿なし
一　与惣兵衛　酉十月廿六日入牢
生所　大坂之者　宿なし
一　六兵衛　同日入牢
生所　長崎之者　宿なし
一　七郎兵衛　同日入牢

この三人の者たちは、福岡黒田家（将軍から「松平」の苗字を与えられている）領内の筑前若松沖にて捕らえ長崎へ送られてきたので詮議したところ、沖買していたことに相違ないとのことで入牢（此三人之者共松平肥前守領海筑前若松沖にて召捕差送候付遂僉議候処、致沖買候段無紛相聞候付入牢）、

㊉ 右三人亥三月廿一日鼻をそぎ追放

生所　安芸《あき》之者　宿なし

一　長蔵　　　　　　酉十月廿六日入牢

生所　大坂之者　宿なし

一　太郎吉　　　　　同日入牢

この二人と与惣兵衛・六兵衛・七郎兵衛は沖買の際に使用した船の水主で、三人の者と一緒に筑前から送られ詮議の上、入牢（此両人右与惣兵衛・六兵衛・七郎兵衛沖買之水主ニ而三人之者一同ニ筑前より送越僉議之上入牢）、

㊉ 右両人亥三月廿一日追放

生所　周防《すおう》之者　宿なし

一　久右衛門　　　　酉十月廿六日入牢

この者、右長蔵・太郎吉と一緒に乗船したようで、右の者たちと一緒に筑前より送られ詮議の上、入牢（此者右長蔵・太郎吉と一船ニ乗組出候者之由ニ而、右之者共一同ニ筑前より送来僉議之上入牢）、

㊉ 亥三月廿一日追放

福岡・黒田家領の海で起きた事件であるにもかかわらず、福岡から長崎まで送られて裁きを受けているのは、当時、沖買が幕府の取り締まり対象とされており、取り締まりの拠点が長崎であったことによる。

捕らえられた者の生所を見ると、長崎、大坂、安芸（現在の広島県の一部）、周防（現在の山口県の一部）となっている。これらは唐人との接点となる長崎、取引品を売り捌《さば》く場としての大坂、そしてその間の輸送ルート上に位置する安芸と周防と、緊密に連携しあっている。唐人から物を得たら、それを売り捌かなければならない。また売り捌ける場所まで運べないのであれば、危険なリスクを負う意味はない。こうしたことから、密貿易とは土地鑑のある、出身の異なる者たちが組織されて行われる犯罪であったことが見えてくる。

ではどのような経緯からこの者たちが捕らえられたのだろうか。史料からは明らかにできないが、件の与惣兵衛は長崎生まれの無宿人であった。享保二（一七一七）年一〇月二六日に長崎の牢に入り、二年後の亥年三月二一日に鼻をそがれて追放となっている。入牢から鼻をそがれるまでの時間を考えると、刑の判断は江戸で行われたのだろう。

与惣兵衛が二度目に捕らえられたのが享保五（一七二〇）年九月朔日、長崎で入牢となっている。追放されたにもかかわらず長崎に立ち帰ったところ、立ち帰り先であった、もと住んでいた町・麴屋町《こうじやまち》の乙名が奉行所に届け出たことによる。ここで与惣兵衛について二つの情報が確認できる。一つがかつて麴屋町の住人であったこと、もう一つは以前、追放を申し渡されたのが長崎で、鼻をそがれた後、大坂に護送され、そこで追放されていたことである（㊀一七〇頁）。推測の域を出ないが、後を絶たない抜荷の見せしめとして、長崎での裁きの後、鼻をそがれた三人を彼らが抜荷の品を売り捌こうとした大坂まで連行したのではないだろうか。

今回の立ち帰りのときにも江戸の評定所での判断が老中・戸田《とだ》忠真《ただざね》から在江戸の長崎奉行・日下部《くさかべ》博貞《ひろさだ》へ、そこから在長崎の長崎奉行・石河《いしこ》政郷《まささと》へと伝えられ、翌六年二月二九日出牢、追放が命じられている。そして再び長崎へ帰って来たならば死罪を申し付けると伝えられた。

しかし、である。享保一二（一七二七）年、与惣兵衛は再び長崎に舞い戻った。目明しの七兵衛と清九郎の二人からの申し出によって身元を確認し、それ以外、問題がなかったことからひとまず揚屋に入れられた。

本来なら、立ち帰れば死罪と伝えていたのだから、それを実行すべきだと思われるだろう。しかし当時の在長崎奉行・三宅《みやけ》康敬《やすよし》にはそう判断できない事情があった。五年前の享保七（一七二二）年のことになるが、追放人は願い出れば赦免するとされていたのである。

与惣兵衛もこれを聞いていた。だがその報せを聞いたのが他所を廻国している最中で、ただちに長崎に戻って住もうとは願わなかったというのである。この供述により、三宅は「御仕置者奉窺候覚」と併せて、与惣兵衛による、長崎に立ち帰り住居したい旨の口書を江戸に送った。再び長崎に戻ってきたならば死罪にすると伝えたにもかかわらず戻って来たのは、公儀の「御下知」を与惣兵衛が軽く考えていたとも考えられる。また最近、抜荷も罰を重くしたこともあり、死罪を命じた方がよいだろうか、というのがこの時に送られた「伺」の内容であった。

与惣兵衛の入牢は七月一一日、三宅の江戸伺は一一月の日付になっている。このほぼ四ヵ月という期間からすると、三宅も相当悩んだのではないだろうか。江戸からの知らせは年を越え、正月一〇日に長崎に届いた。老中・水野《みずの》忠之《ただゆき》からの付札による指示は、与惣兵衛は追放を許して欲しいとの願いのために長崎に戻って来たわけで、隠れていたのではないのだから、まず今回も追払を命じること、そして、再び長崎へ戻ってきたならば、その際には三宅が提案した死罪を命じるものであった。これに従い、三宅は正月一八日、与惣兵衛に追払を命じている（㈠一七〇頁、二三四頁、『御仕置伺集　上巻』一六頁）。

法が変わったことで与惣兵衛は命拾いをした。この後、与惣兵衛の名前を「犯科帳」では確認できないことを考えると、助けられた命を大事にして、案外まっとうな人生を送ったのかもしれない。

## 病で人生が狂った市五郎

明和六（一七六九）年七月四日、市五郎が入牢となった。同年五月頃より市中三ヵ所で銭や衣類・道具などを盗んで質屋に入れ、得た金を使った廉である。先述（序章）のように長崎には質屋に関する法がなく、天保一三（一八四二）年までは身分不相応の物であっても取引され、盗品も罰せられることなく金に換えることができていた。こうした点も小口の抜荷が際限なく起きていた理由だろう。

さてこの件、奉行所は五十敲の上、住居はこれまで通りに許した。これには事情があった。同年四月から市五郎は病気にかかり、暮らしも不自由となっていた。そうした中、出来心から犯行に及んだとの判断により、奉行所は同様の判例を参考にしたのだった（㊂七七頁）。

温情判決を受けて市五郎が心を改めてくれたらよかったのだろうが、そうはならなかった。翌年一月以来、ふたたび犯行に及び、三月四日に入牢となった。長崎市中の一一ヵ所で一一品を盗み、一〇品は質入れまたは売り払い、使い道は不明だが代銭二貫九六七文をすべて使い切っていたのである。奉行所は、盗品のうちの残り一品を取り上げたにすぎない。

奉行所は、たとえどんな難儀があろうとも生きる方途はあるはずだ。去年五十敲の上、許したのに、間もなく盗みに及んだことは不届きであるから、百敲で追払を命じ、長崎に立ち帰らないようにと命じた（㈢九七頁）。

市五郎は長崎を離れたのち、大村城下で髪結いをして渡世を送った。しかしすぐに腫物《はれもの》を患い、それが治癒しなかったという。同年八月三日にははやくも長崎に立ち帰り、市中一七ヵ所で衣類など三五品を盗み取って質入れ、または売り払うというこれまでと同様のことを繰り返した。売り払った代銭は一五貫四四八文。その都度、使い切ったのもこれまでと同じ。明和八（一七七一）年三月七日またしても入牢となった。今回の奉行の判断は宝暦三（一七五三）年の判例を参考に入墨、中追放であった（㈢一二六頁）。

そして安永二（一七七三）年の四度目は、つぎのような記載である。

右の者、かねがね素行が悪く盗みを行ったので、去る寅《とら》年百敲申し付けたところ、まもなく長崎へ戻り、数ヵ所で盗みを働いた。去る卯《う》年入墨の上、中追放を申し付けた。しかしふたたび長崎に戻ってきて都合一一ヵ所に盗みに入って品々を盗み取ったことは、重ね重ね不届きであるとして、江戸へ伺い老中松平武元の御下知によって死罪を命じた（右之者兼々身持悪敷致盗ニ付、去ル寅年百敲追払申付候処、間もなく立帰、数ケ所ニ而致盗ニ付、去ル卯年入墨中追放申付処、又候立帰、都合拾壱ケ所江這入品々盗取候段、重々不届之至ニ付、伺之上松平右近将監殿御下知ニよって死罪申付)。

これを見ると、卯年、寅年の二回の罪状が記されていることがわかるが、一件足りないことに気付く。初犯は、この時にはどうでもよかったのだろうか。この場合、長崎奉行の判断では処理できず、江戸に「伺」が送られた。老中・松平武元からの下知は死罪。さすがにこれだけ罪を累《かさ》ねると、情状酌量の余地もなかったのだろう。体調を崩して以降、市五郎の人生は狂い、刑場で人生を終えたのであった(㈢二二〇頁)。

森永種夫『長崎奉行所判決記録　犯科帳目録』にはこの市五郎について、「前科二犯、大盗―死罪」とある。しかしこれまで見てきたように「御仕置伺集」も照合すると実際には彼は四犯である。このように、「犯科帳」の記載を鵜呑《うの》みにすると事実を誤ってしまうことがあるので注意が必要である。

**抜荷の常習者・平兵衛**

延享元(一七四四)年一〇月三日、漁師の宅平が漁船の道具などを片付けに長崎港外の小瀬戸の浜辺に行こうとしたところに一艘の小船が磯辺に乗り付け、船に乗っていた三人のうち、甚吉という者が宅平に声をかけてきた。沖合に停泊中のオランダ船まで泳いでくれないかという。宅平はこの時点で抜荷だと感づいたのだろう、再三の誘いを断った。しかし、賃銭一貫文を支払う、という言葉には心が動いた。「犯科帳」には「欲に迷い」請け負った、と記されている。

小船に行くと、水主の喜助なる者を介して甚吉から、油紙に包まれた金子《きんす》が渡された。オランダ船に泳ぎ着いたら綱が降りてくるから、その綱を引けば代物が渡されることになっている。代物を受け取り、金子を相手に渡したら、湾内の近くの小島・鼠島《ねずみじま》まで泳いで行くようにとの指示であった。オランダ船側と周到な打ち合わせがなされていたようである。オランダ船の長崎出航は毎年九月二〇日と決められていた。だが天候や風待ちなどのために、いったん出港した後に湾内で待機することがあり、今回の場合も港を出た後に企《たくら》まれた取引であったことがわかる。

宅平は甚吉の指示に従いオランダ船に泳ぎ着き、受けとった櫃《ひっ》二を腰に付けて鼠島に向かった。だがそこでオランダ船の見送り役に見つかり捕まった。宅平と水主の喜助、もう一人の共犯者・善兵衛は、当初から抜荷を計画して動いていたわけではないこともあり入墨の上、今後、今回のようなことがあれば重科に処す、そして出島、唐人屋敷、新地、荷役場などには立ち入らないようにと命じられた。計画段階から抜荷に加わっていたのか否かを裁く方は重視していたのだろう。いっぽう主犯の甚吉は逃亡、もし見かけたならば捕らえて長崎奉行所に訴え出るようにとの触が町に出されている（㈡二八〜二九頁）。

甚吉に関連して、蘇鉄庵（寺の末寺だと思われるが詳細不明）の近所の後家所にいた「しな」に捜査の手が入った。しかし、「しな」は甚吉なる者は知らないと答えた。そこで再度、宅平、喜助、善兵衛を取り調べたところ、甚吉と名乗っていた男が元之脇（不明）の出身の平兵衛であることがわかった。そこで元之脇の庄屋を呼び出して平兵衛について尋ねると、寛保三（一七四三）年、唐船の抜荷に関わり、その際、入墨の上、所払に処されて以降行方知らず、とのことであった。

「犯科帳」を確認すると、この男、寛保三年、そしてそれ以前の享保一九（一七三四）年にも名前が出てくる。のみならずこれらより後の延享三（一七四六）年にも確認できる。なんと四度目である。この年、二月朔日《ついたち》の夜、どこで殴られたのかはわからないが、遊女町である寄合町の三国屋杢右衛門、桑原金右衛門が、どこの門脇かは不明だが、物言いがわからなく少々打ち傷を負って倒れていた平兵衛を捕らえて長崎奉行所に訴え出た。これで身元がわかり、翌日、手鎖となった。

「犯科帳」に四度載るほどの悪人なので、厳罰に処されただろうと推測したくなるところである。だが、運良く助命の上、入墨、追払で済み、再び長崎へ戻った場合は死罪を申し付けるとのことで、町使が付き添って日見峠から追い払っている（二四四頁）。

## 七度、名の載る男

「犯科帳」に七度、名前が載った男がいる。その名は重次郎。一回目は、寛政一一（一七九九）年正月一八日に入墨、敲の上、市中・郷中払（五三一五頁）。しかしはやくも同年一〇月には長崎に立ち帰り、同月二三日、軽追放（五三四一頁）。さらに翌年七月、再び長崎に戻り、同月二七日、中追放（五三六八頁）。軽追放では田畑が、中追放では田畑・屋敷が没収（闕所）となるが、家財没収にはならないのでまったくの無一文で追放されたわけではなかった（「長崎町乙名手控」）。

重次郎はこれにも懲りず、同年一一月また長崎に戻って入牢となり、同年一二月九日、今度は家財没収となる重追放に処された（五三七九頁）。さすがの重次郎も懲りたようで、今回はすぐ長崎に戻ることはなかった。

しかし文化三（一八〇六）年、「母江合力相頼」、つまり母親の「その」に助けを求めて長崎に立ち帰ってきた。一一月二三日、入牢、同年一二月四日、重敲の上、重追放に処された。「相当之例無之」と記されていることからもわかるように、重次郎は前例のない再犯者となった（六一六八頁）。

そして「犯科帳」に最後に重次郎の名前が残されているのが、文化八（一八一一）年。またまた長崎に戻ってきて同年二月二八日に入牢、四月一三日、重追放が命じられた。当然、先例はないが、この時には長崎払になっても四回くり返して立ち帰った明和八（一七七一）年の無宿・政之助の例が参考にされている（㈥三〇五頁）。

たしかに重次郎は前科七犯だが、先に紹介してきた者たちのような重罪を犯し続けたのではなかった。というか、そうした罪だったからこそ前科七犯になり得たのだ。

## 長崎への立ち帰り

ここに紹介した常習犯には追放刑を守らずに長崎に帰ってきた者が目立つ。重刑になることを知りながらもくり返しているのである。長崎への立ち帰りには、長崎が都市で人の出入りが激しく、そのなかに紛れ込んで働けるという利点があり、またそれが比較的容易であるという認識があったことも常習犯を生んだ一つの要因と言えるだろう。

ただ、重追放となれば居住できる国が限られる上、都市部での居住ができないため、村落部に居住せざるを得なくなる。まして人別帳に記載のない者ともなれば、当時の社会の閉鎖性から、そうした共同体からは排除されたであろうことは想像に難くない。

享保九（一七二四）年春、かつて西築町《にしつきまち》に住んでいた伊三郎が長崎に戻ってきた。この伊三郎、以前長崎を逃亡し、三年前の同五（一七二〇）年秋、三領《さんりょう》沖（長州《ちょうしゅう》・豊前《ぶぜん》・筑前《ちくぜん》の境に位置する響灘《ひびきなだ》）で抜荷していたところを下関《しものせき》で捕まり、大坂に連行され同六年春、同地で鼻そぎの上、追放されていた。

伊三郎によると、その後、各地を徘徊したが生活ができず、追放された長崎だが、ここに住みたいと、もと住んでいた西築町の乙名に願い出たのであった。当然、乙名に判断できる案件ではなかったので、乙名は奉行所に訴え出た。奉行は追放されたにもかかわらず長崎に立ち帰ったのは不届きであるとして六月二五日、入牢を命じ、処分を江戸に伺った。

江戸の判断は、非人手下《ひにんてか》へ渡す（平人から非人へ身分を切り替えられる）であった。これに従い八月二三日、伊三郎は非人小屋に引き渡された（㈠一七五頁）。

この時期、長崎でも鼻そぎに処された者はいた。醜い顔になって生活に困ったのだろうが、希望叶わず非人にさせられて、伊三郎はこの処分をどう受け止めたのだろうか。

地縁、血縁の結びつきのない社会に身を置くことが厳しかった時代の実情が垣間見られる事例である。一度、道を踏み外すと、もはや「まっとうな」生活は送れない、現代とは異なるシビアさが当時の社会にはあったのだ。

## 2　社会の中の犯罪者

この「立ち帰り」の例に見られるように、現代と江戸時代とで大きく異なるものとして、血縁、地縁、そして職縁の繋がりがあり、これが個人に大きな影響を与えた。「犯科帳」に記載されたこれらに関連する事例から、当時の社会の実情をさらに詳しく見ていこう。

### 血縁の絆

・口は災いの元

寛延四（一七五一）年九月四日、炉粕町《ろかすまち》に滞在の旅人の惣七は新大工町の住人・米原角左衛門方から盗み出した銀を桶に入れて運び、そのうちの五〇〇目（約一九〇〇グラム）を宿元の久右衛門に渡した。銀を渡したのは、今晩逃亡するのでそれまで匿ってもらうためだった。久右衛門の心は揺れたが欲が出てきて惣七を強請《ゆす》り始め、結果、銀四包を得た。だが、その日は諏訪《すわ》神社の例祭で、宿元である自分の所には見物人が大勢来るので大金を置いておくのは危険だと思い、どの程度の量かはわからないが、得た銀のいくばくかを間柄は不明だが「せん」という女性に預けた。

久右衛門はこのとき「せん」に、四、五日旅に出るからと嘘を言って預けたのだった。ところが、あろうことか「せん」がこの銀を紛失してしまった。何も事情を知らない「せん」は、身の潔白を証明するために久右衛門に吟味して欲しい、奉行所にでも訴え出て欲しいと伝えたようである。しかしその銀は久右衛門が惣七を強請って得たものだったので、どうすることもできなかった。

では、この一件はどうして明るみに出たのだろうか。太郎左衛門なる者が久右衛門から「せん」に預けた銀のことを知り、久右衛門に銀を無心した。しかし太郎左衛門は相手にしてもらえず、それを恨んで乙名の所に訴え出た。このことから、事実が解明できたのだった。

「せん」に銀が預けられた際には伝四郎なる男もその場にいた。そのため彼が疑われ、所預となった。結局、伝四郎が盗んだわけではないことが明らかになったが、その一連の流れの中で「せん」が、預かった銀のことを兄の権右衛門に話していたことが明らかになった。しかも怪しいことに、その後、権右衛門は行方知らずとなっていた。銀を盗んだのはおそらくこの男。目の前の大金に目が眩《くら》み持ち逃げしたのだろうか。妹に迷惑がかかることも考えず。

久右衛門は入墨の上、中追放。「せん」は二〇日間の手錠。伝四郎は長崎払に処せられた。しかし主犯の惣七と権右衛門は捕まらずじまいとなっている（㈡一二五～一二六頁）。

・年齢と性差による処罰の違い

罪を犯した者が刑を受けるのは当然としても、この時代には犯罪者の家族も処罰の対象になることがあった。元禄一六（一七〇三）年、東築町《ひがしつきまち》の吉平次は抜荷を企てようと仲間を募って船を出したが、番船に見つかり捕まった。これは抜荷としては未遂だが、抜荷同然として町中引き回しの上、西坂で磔という厳しい刑に処された。彼のほかにもこの件に関わった一〇名が処刑されている。

それだけではなく、彼らの妻子も処罰された。ただ、年齢や性によって取り扱いが違っていた。父親である三十郎がこの件で獄門になった一八歳の倅・市松は刑場である西坂馬《ま》込《ごめ》で死罪。同じく一味として獄門になった惣兵衛の息子たち、すなわち一三歳の甚八、一〇歳の松之助、三歳の惣十郎の三人は惣兵衛の従弟・作兵衛に預けられた後、一五歳になったら流刑を命じるようにと江戸から指示があった。実際、一五歳になった時点でみな五島に流刑にされている。今日でも成年と未成年で刑は異なるが、この時代には男性の場合、一五歳で区別されていたことがわかる。

女性はどうだったのか。この事件では妻、女子一三名が刑を受け、町年寄が奴《やっこ》（家内労働）にするよう命じた。奴とは、「宗門人別帳」に記載されない、つまり町の構成員から外れる帳外れ（無宿）である。彼女たちは三九歳から二歳と年齢は離れていたが、処分に差はみられない（㈠一〇二〜一〇四頁）。

男性と女性で社会的立場が異なっていることが、刑罰からも理解できる。

・偽銀作りで親が磔となった者の息子たちは

長崎の勝山は長崎代官所がある場所で、近くの立山の長崎奉行所とともに長崎支配の拠点である。ところがその代官所の目と鼻の先と言える所に住んでいた伊兵衛は自宅で八百《やお》屋町《やまち》の喜左衛門とともに偽銀を作っていた。それが発覚し、捕らえられた伊兵衛は詮議の上、享保三（一七一八）年七月一八日、入牢を命じられた。喜左衛門はいったん逃亡したもののの、長崎奉行所が人相書を作成して近国へ配付し、肥後熊本の坪井町《つぼいまち》（現・熊本市）で捕らえられた。彼もまた、熊本から長崎に送還されて入牢となった。江戸の判断で両人とも同四年三月一八日、西坂で磔にされている。

伊兵衛には市太郎という子どもがいた。彼は町預になっていたが、縁座《えんざ》で三月一八日入牢が命じられ、その後、五島に流罪に処せられた。もう一人の息子・伊三郎は、同四年三月一八日に父・伊兵衛が死罪・獄門に処せられたことから入牢となり、こちらも翌年六月、五島に流罪になっている（㈠一六七〜一六九頁）。罪のない子どもたちの縁座の実態がわかる事例である。

・養父と縁座

延享四（一七四七）年六月一〇日、唐人屋敷の乙名《おとな》附杖突《つきつえつき》（館内を常時巡回して不審の者を咎める役）見習の太十郎は、唐人屋敷から出る際、見知らぬ唐人から外に持ち出してくれれば銀子を渡すからと言われ、懐に人参二包を入れられた。その唐人が屋敷の中に駆け入ってしまったこともあり、太十郎は銀子を貰うために外へ出ようとした。

唐人屋敷に出入りする者は、大門と二之門という屋敷の二つの門を出る際に、そのつどそのための特別な係の者（探番《さぐりばん》）から、唐人から受け取った物品を外に持ち出そうとしていないか、身体検査を受けなければならなかった。太十郎を担当した大門探番の吉兵衛は問題なしとしたようである。しかしその側《そば》にいた別の当番の者が怪しみ、再度、太十郎を確認した。これで人参の持ち出しが発覚した。「犯科帳」には、「薄衣之時分見分ニ而も可相知之処」とある。つまり、薄衣になったところで一目見ただけでもわかるのに、吉兵衛は見逃していたということだ。なんとも、怪しい。

吉兵衛は大門探番の職を解かれたが、長崎に住むことは許された。太十郎は、当然、杖突見習の職を解かれた。注目すべきは但書《ただしがき》である。それによると、太十郎の養父である唐人屋敷の杖突・次八が長崎奉行に呼び出しを受けている。次八自身は太十郎の養父でもあり杖突であることから吟味されると考えていたようだが、数年まじめに働いていたことが長崎奉行所の耳に入ったので、変わることなく杖突を勤めるようにと申し渡しされている（「忰不届いたし候ニ付急度可遂吟味ものニ候得共、数年実躰ニ相勤候段相聞ヘ候ニ付、無構杖突可相勤旨申渡之」）。

このように、罪人の家族であっても縁座を逃れられる場合があったことも事実である（㈡五九〜六〇頁）。

・母親思いの前科七犯

長崎に隣接する長崎村十善寺《じゅうぜんじ》郷の住人・亀助は日雇稼ぎをしていた。長年の病から生活は苦しく、密買をすれば暮らしもよくなるとでも考えたのか、金もないのに出来鍛冶屋町《できかじやまち》の住人・喜三郎の誘いに乗った。二人は亀助が反物一、喜三郎が反物一と帯一を質入れして三貫文を手に入れ、これで煎海鼠《いりこ》（ナマコの腸を取り除いて煮て干した物）一〇斤（約六キログラム）を手に入れた。

天明五（一七八五）年八月五日夜、二人はそれを持って唐人屋敷の柵の破れた箇所から中に入り込んだところで役人に見つかった。喜三郎は逃げたが亀助は捕まり翌日入牢、同月二三日に入墨の上、住居はこれまで通りに許すという裁きを受けた（四九四頁）。

これで止めておけばよかった。しかし同六（一七八六）年、再び抜荷を行い居村払、さらには同八（一七八八）年にもまた抜荷を行って軽追放になっている（四一一四頁、二一四頁）。

つぎに亀助の名前が確認できるのは寛政四（一七九二）年。記録には「構《かまい》之国を不立去」とある。先の軽追放で肥前国（現在の長崎県の一部および佐賀県）への滞在を禁じられていたにもかかわらず肥前諫早の地にいて、そこから長崎に立ち入ったことを咎められたのだった。だがここに、亀助の人となりがわかる一文がある。「母江小遣銭、人頼を以見続等致し遣候」。すなわち亀助は、母「たけ」への小遣いを人に頼んで渡してもらっていたのである。

罪を犯して母と離れ離れになっても亀助には母への強い思いがあったことがわかる。とは言えやはり罪は罪。百敲の上、軽追放が命じられ、追放された国々で徘徊してはならないと命じられた（四三八四～三八五頁）。国々となっているので、今回は居住を禁じられた国が複数となり、以前の軽追放よりも範囲が拡がったことがわかる。

これで前科四犯となった亀助だが、その後また罪を重ねた。長崎を離れても母「たけ」

に小遣いを送る孝行息子の一面は先にも紹介したとおりだが、その「たけ」が病気になった。亀助は居ても立ってもいられなかったのだろう、「たけ」のもとに駆けつけた。だが「たけ」がいるのは長崎だからこれは立ち帰りで罪になる。またしても立ち帰ったところを見つかり寛政六（一七九四）年二月二三日に入牢、同年八月二三日、中追放となった㈤八三頁）。

ところがその後、亀助はまた罪を犯した。またしても長崎に立ち帰り、弟・虎次郎（母「たけ」と同居）に匿ってもらったが、博奕《ばくち》の廉で捕らえられ、享和二（一八〇二）年六月二一日に入牢となった。このときには「たけ」も病に伏していたわけではなく、亀助を匿った上、博奕を見過ごした廉で三〇日手鎖の刑に処された。

亀助は以前の入墨を抜いていたようで、入墨を入れ直し、重敲の上、重追放が命じられた㈥二五頁）。それが八月一六日のことだったが、さらにまた一年もたたぬ翌年六月三日、入牢となっている。

じつはその前年の一二月、唐人との抜荷のための錫《すず》を持ってまた長崎に戻っていたのである。長崎とは湾を挟んだ対岸の稲佐《いなさ》を徘徊しているところを役人に見つかり、錫を置いて逃げ去った。その際はうまく逃げたのだろう、捕まらなかった。だが年が替わった享和三（一八〇三）年四月、母「たけ」の見舞いに長崎に舞い戻った。その際、清水寺境内の非人・豊吉の所に立ち寄り博奕を見たという。自分では決してしなかった、というのが亀助の言い分だが、以前、匿ってもらっていた弟の所では隠れて博奕をしていたので信用されず、今度は遠島が命じられた。これ以後、亀助の記録はない。さすがに島抜けまではできなかったのだろう。母「たけ」には孝行息子の亀助だが、結局これで前科七犯となった。

母「たけ」は、亀助が訪ねて来たら長崎奉行所に届け出なければならないことになっていた。しかし彼を匿って滞在させ、銭五〇〇文も受け取っていた。当然、「たけ」はそれが罪であることを知っていたに違いない。その廉で五〇〇文は取り上げられ、一〇日押込に処せられた（㈥六〇〜六一頁）。

・再犯してでも家族愛

罪人も人の子であることがわかる事例は、ほかにもある。

明和三（一七六六）年二月、長崎で火事があった。これを耳にして長崎に立ち帰った者たちがいた。一人は二年前に喧嘩口論のあげく逃亡していた辰之助で、その証言によれば、父・三右衛門の家が類焼したと聞き、心配になって戻ってきたとのことだった（㈡三八八頁）。

同じ火災で長崎に立ち帰ってきたのが前年、出島で胡椒《こしょう》の密買で捕らえられ長崎払となっていた、かつて出島水汲みであった元恵美酒町・無宿の善助である。善助は長崎を離れた後、肥前神埼《かんざき》（現・佐賀県神埼市）あたりで長崎市中が残らず類焼したことを知った。妻子の安否が心配になり三月二〇日に長崎に戻り、妻子のもとに隠れ住んでいた。入牢は六月二七日だから、三ヵ月ほど見つからずにいたことになる。その後、再度、長崎追払となった（㈡三七八頁、三八七頁）。

このほか、怪しい薬種を取り扱って長崎追払になっていた政之助も、同じく長崎に帰ってきた。滞留先の大村領彼杵《そのぎ》（現・長崎県東彼杵《ひがしそのぎ》郡東彼杵町）で長崎の火事を知り、母親のことが心配になって三月一一日に立ち帰ったのだった。先の善助と同じ日に入牢したが、前例がないことで、善助に準じてやはり同日の七月一一日に長崎追払となっている（㈡三八八頁）。

追放刑の場合、立ち帰ると犯を重ねることになり、罰があることも当然知っていただろう。だがそれでも家族の安否確認をしたいとの思いの方が勝ったのだ。

・母への不孝

明和五（一七六八）年、亀右衛門が母への不孝で溜入りとなった。吟味すると、近年病身となって稼業ができなくなり、買掛（未払い）の返済に困窮していた。そんな折、同年一二月、母が所持していた銭一貫目を無断で取り出し、支払いに充てたということであった。

　母への不孝はこれだけだった。だが長崎奉行所は、たとえ病身であっても子どもとして親を養育すべき立場であるにもかかわらず、母の銭を勝手に支払いに用いたことは不埒《ふらち》とした（縦令病身ニ候共子之身としては親を養育可致処、却而母所持之銭取出し遣払候始末不埒ニ付、咎可申付候得共）。

　五代将軍綱吉《つなよし》の時代の天和二（一六八二）年、全国に忠孝奨励の高札が立てられた。当然、長崎も同様であった（「長崎御役所留　中」）。そのはじめの一つ書きには、もし不忠不孝の者がいたならば重罪にする、とある。この事例のように、自身が病気であっても親には孝をつくさなければならない、というのが当時の考えであった。

　しかし身内である母、弟、そして町役人一同が長崎奉行所に亀右衛門の宥免を願い出た。彼らにとって亀右衛門は不孝者ではなかった。為政者の規範と家族、地縁の絆とには、ズレがある場合もあったのだ。奉行所もこの願いを認め、亀右衛門は町に留まることを許された（㊂五二一頁）。

・奉行所の「人情裁き」

老衰の上、病の身であり、介抱してくれる身寄りもいない「まつ」。彼女には伊三郎という弟がいた。この伊三郎は、（文政元年の）一九年前に罪を犯して居町払を命じられていたが、姉「まつ」が自身の起臥を助けてもらい、最期を看取って欲しい、と奉行所に願い出た。

これを受けて事実確認が奉行所でなされ、申し出に偽りがないことが確認された。伊三郎も仕置を受けた後、身を慎んで、老いた姉「まつ」のために尽くしたいと思っていることがわかったので、居町払を命じてからかなりの年月も経っていたことでもあり、奉行所は、「まつ」の願いを聞き届けることにした㈦一三七〜一三八頁)。

奉行所による粋な計らいといったところである。その後のことはわからないが、「まつ」の最期は幸せだったのではないだろうか。

・日頃の行いが功を奏する

享保元（一七一六）年一二月一三日に入牢した恵美酒町の徳兵衛は、唐船の丸荷役の時、荷漕船の水主になり、端物の櫃《ひつ》を破り、天鵝絨《てんがじゅう》（ビロード）一端を盗み取り船底に隠していた。これが見つかって入牢した。

徳兵衛には病身の老父と幼少の弟、妹があり、徳兵衛ひとりがその稼ぎで彼らを養っていた。朝夕の暮らしも乏しく「出来心」で盗んだとのことだった。

どのような理由からであれ、事件を起こすことは本来、許されるはずもないだろう。だが、かねてより人柄も良く、志も実直とのことで許された(一一五四頁)。日頃の行いが功を奏したというところだろう。

## 地縁の絆

・町に捜査権

寛文一二(一六七二)年のこと、勝山町に住む「みつ」(二七歳)が夫・与平次を斬り殺した。この件では勝山町の住人と与平次の親類が「みつ」を数日、拷問して尋問した。先述の抜荷の捜査でも町の者が領外まで出ていった例があったが、この件からも第一次捜査権が「町」にもあったことがわかる。

「みつ」に確認したのは、まず密夫、つまり情を通じた男の存在の有無であった。そして殺害を手伝った者の存在も確認された。これらの存在はいずれもなく、与平次を殺害した理由は、たびたび離別されたことへの恨みであることがわかった。おそらく死を覚悟した上での犯行だったのだろう。

長崎奉行所は「みつ」を「大罪之者」として、量刑を江戸へ諮《はか》った。その判断は、長崎町中引き回しの上での磔であった(一一八頁)。

・家賃未納は町で保証

桶屋町《おけやまち》の浅井茂七は、材木町の服部三之進に家を借りていたが、享保一三（一七二八）年から二年ほど家賃を滞納していた。その総額・銀二貫七〇〇目。相当な額である。それで退去を促しても茂七が従わないと家主の三之進が奉行所に訴え出た。

奉行所が両者を呼び出して事実関係を確認したところ、服部三之進の訴えどおりであることがわかった。そのため茂七に銀子の返済を命じ、返済できない場合には証文のとおり家屋敷を渡すようにと伝えた。これだけなら現在と同じだが、いずれ銀子が払えず家屋の引き渡しになるだろうから、その時にももめ事を起こさないことを両者に誓わせ、それを証文にして奉行所に差し出すようにと両町の乙名に命じている（㈠二六〇頁）。

現代の社会では借主に個人の保証人がつくことが多いだろうが、この事例から、当時は町が個人を保証していたことがわかる。

・金の貸し借りも町で保証

船大工町《ふなだいくまち》の外尾善右衛門は、享保一〇（一七二五）年一二月、北馬町の住人である与七の後家から銀子一貫目を借りた。しかし返済が滞り、貸し主である与七の後家が同一六（一七一六三二）年に奉行所に訴え出た。

調べてみると、船大工町と北馬町の乙名と組頭の奥印のある借用証文があった。それで、現在であれば利息の支払い義務も生じるように思われるが、この場合は両町の乙名で相談の上、借りた一貫目のうちまず七五〇目を善右衛門に返済させ、残りの二五〇目はおいおい返済させることで合意した。そして奉行所は、今後この件に関してもめ事は起こさないと記した証文を両町の乙名に提出させている（㈠二六一頁）。

個人的な金の貸し借りを町が保証するという、現在では考えられない状況が見られたのだ。

・町の意向は親類の意向が前提

長崎からの所払を命じられていた三四郎が、延享五（一七四八）年五月二七日、長崎に立ち帰り、老母がいるので長崎で一緒に暮らしたいと奉行所に願い出た。奉行所は乙名を呼び寄せてこの件を吟味した。乙名は、三四郎は過去二回、逃亡していて不行跡であり、住居願いを認めないで欲しいと親類の者が言っているので、町内に受け入れることはできないと回答した。

かくして三四郎の願いは叶えられず、再び立ち帰ったら重科に処すと申し渡されて追払となった（㈡六九頁）。三四郎の住居願いを受け取った奉行所が、以前に彼が居住していた町の乙名に三四郎の素性を確認し、その意見が聞き入れられたわけである。

家賃や金の貸借など個人の問題を町が保証するほどまでに、個人の存在は町単位で考えられ、その考えが共有されることによって町が成り立っていたことがわかる。町の理解がなければ、町の構成員にはなれなかったということだ。

・町を支える住人の意識

享保一七（一七三二）年、新興善町《しんこうぜんまち》の住人・杉村吉郎右衛門以下八人の商人が、家質《かじち》（家屋敷）と家財を取り上げられた上、妻子ともども、長崎およびその近傍からの立ち退きを命じられ、なおかつ今後、長崎へ立ち入ったならば「御仕置」をするという厳しい判決を受ける事件があった。

これは同一五年、唐・オランダとの商売で落札した代銀の多くが不納であったことに端を発する事件であった。入札時に高値をつけて証文を請け負ったにもかかわらず、このようなことになったのは不届き千万というのが奉行所の認識であった。またこの件では、入札銀高の請け負いにはそれぞれの商人が所属する七町の乙名にも責任があるとして、乙名も責任を問われている。

この判決を受け、新興善町を除いた新石灰町《しんしっくいまち》以下の六町の町人たちから、乙名が負うとされた不納銀はわれわれ住人が代わりに上納するから、乙名たちには現状のまま職を務めてもらいたいとの願い出があった。これまで町のことで不調法なこともなく乙名役を務めてきており、町内の者たちも安気に過ごせていることが、こうした町人たちの動きに繋がった。これが乙名たちの運命を決定づけた。

七人の乙名のうち唯一、新興善町からだけ願いが出されなかったのは、同町の乙名・西川丹三郎について住民が、普段から乙名としての務めが粗略で心掛けもなっていないと見なしていたからであった。これを受けて奉行所は、丹三郎に、本来、御仕置を申し付けるところだが、「別儀」(内容は不明)をもって宥免を加え、乙名の職を解くに留めた。ただし家屋敷は没収されている。

ほかの六名に奉行所は、引き続き乙名を務めることは許すが、家質や家財を売り払い、その金を不納銀の支払いに充てるようにと命じている。町からすれば、不納銀を請け負うとの願いこそはかなわなかったが、六名の身分は守れたことになる(㈠二八五~二八七頁)。

町の秩序の維持は、その町の住人と乙名をはじめとする地役人との良好な関係がその前提とされていた。奉行所も、それを崩してまで決まりを押し通すことはなかった。何よりも、社会秩序の維持が第一と考えられていたのだろう。

・町の結束

酒屋町《さかやまち》の次郎八と西古川町の次右衛門が口論になった。口論に至った理由はわからないが、近所の者たちが仲裁に入り、次右衛門を西古川町に帰らせた。これで一件落着となればよかったが、次右衛門の家主・吉左衛門が次右衛門と弟・長吉を引き連れ、さらには町内の者たちの加勢も得て、次郎八方に踏み込み乱暴狼藉を働いた。

家には次郎八のほか、母、弟の儀八、そのほかその妻子などもいたが、みな手傷を負った。儀八が事の次第を奉行所に訴え、直訴のとおりということで、その日（一一月一五日）のうちに次郎八は所預、次右衛門、長吉、吉左衛門は入牢となった。幸い次郎八も含め傷は浅かったので、彼らは一二月三日に許された。

注目したいのは、加勢した者たちである。その数なんと四〇人。彼らは次郎八に手傷を負わせただけに止まらず、家財も破壊していた。その償いとして四〇人には相応の銀子を差し出させている。逆に言えば、同じ町の住人の問題は自分の問題同然と見なすまでに町内の結束が固かったことがこの事例からわかるだろう（㈠二五〇～二五一頁）。

・怪しい者は、まず捕らえる

当時は罪を犯したから逮捕する、という時代ではなかった。与三次という男などは悪い噂があるだけで入牢を命じられている。実際に罪を犯したわけではなかったが、かねてから人柄がよくないという噂があることが入牢の理由だった。与三次は、これからは必ず慎んで行動すると記した証文を差し出すことで、ようやく出牢を許された。

確かに火のない所に煙は立たないのかも知れないが、寛延四（一七五一）年八月五日の入牢から宝暦元（一七五一）年一二月一〇日の出牢までの四ヵ月の牢生活ではさぞかし精神的に辛い思いをしただろう（㈡一一〇頁）。予防的措置と言えば聞こえは良いが、何も罪を犯してはいない与三次にはなんとも気の毒な話である。

源三郎とその倅・市太郎の親子も同様の目にあった。彼らの場合、密買した噂があり、当初、手錠町預となり、その後、源三郎は入牢、市太郎は町預となり吟味がはじまった。だが疑わしい事実はなく、先の事例と同じく証文をとって許された。このような例を見るにつけ、無実の罪で捕まった者も多かったのではないかと考えてしまう（㈡一一一頁）。

## 職縁の絆

・地役人の責任

享保一一（一七二六）年の記録には、地役人の責任が問われたケースがいくつかある。銀屋町《ぎんやまち》の住人・長吉（四九歳）の養子、万吉が死亡した。長吉と彼のもう一人の息子・長八（二四歳）は、病死として万吉の葬儀を行った。だが万吉の伯父が不審に思い乙名に申し出てきたので検使を遣わして吟味したところ、首を縊《くく》って死んだことが判明した。

長吉と息子の長八は、万吉の親類にも町役人にも死因が自死であったことは伝えなかったということだ。二人は五月二二日に町預となり、六月七日に許されている。二人は養子である万吉が首を縊って死んだのでは世間体が悪いと思い、事実を隠したのだろう。万吉の死に二人が関わっていたとは考えにくい。

この件では、六月四日、二人が住んでいる銀屋町の乙名、組頭が奉行所から呼び出され、常日頃「町儀」を疎かにしているとの声も聞かれるが、今回は許すと言い渡されている。また日行司も注意するように命じられている（㈠二二六頁）。町の乙名、組頭、日行司は、町人の死の原因の正確な把握を含め、町の出来事はもれなく把握しておくべきというのが奉行所の認識であったことが窺える。

奉行所による同様の措置は、船大工町の武平次が、桶屋町の大屋平右衛門所有の借家に住んでいた店借の旅人である長門《ながと》の人・作平を口論のあげく突き殺した事件の時にも見られた。大屋平右衛門は他の借家人に言われるまま、町役人に事件を報告しなかっただけでなく、下手人の武平次も取り逃していた。これが問題となったのだが、すでに武平次は、長崎からの出口である長崎街道の一之瀬《いちのせ》で首を縊って死んでいた。そのため平右衛門は許されたが、彼が住んでいた桶屋町の乙名、組頭は、この件で長崎奉行所から呼び出しを受けて叱責されている（㈠二二六頁）。

同じ船大工町の事例として、久左衛門（二四歳）、庄兵衛（二六歳）、善六（二四歳）の三人が、遊女町・寄合町の薩摩屋太右衛門の家の戸口を打ち破り狼藉に及ぶといった事件が起きた。三人自身は戸口の修復代を払うことで許されたが、船大工町の乙名と組頭は寄合町の乙名と相談の上、賠償金を差し出すように命じられている（㈠二二七頁）。

さらに、長崎の瀬崎《せざき》に米蔵があった。長崎近郊には長崎の人口を賄うだけの米を生産する力はなく、天草など、長崎代官が支配する地域が長崎に米を納めていた。宝暦二（一七五二）年にその蔵を預かっていたのは今富甚左衛門だったが、年の瀬の一二月二九日の夜中、盗人が蔵に押し込もうとした。

幸いにも盗人が蔵の錠前をねじ切ったところに番人が駆けつけて事なきを得た。だが当時、蔵番をしていた段次郎、喜久平、五郎次の三人は吟味を受けることになった。盗人を取り逃がしたのは申し訳が立たないことであり、「重キ咎メ」を申し付けなければならないとされたからだった。しかし米が盗まれていないこともあって処分は押込のみに止められた。管理不行き届きの責任を負わされたわけだが、間もなく甚左衛門を含めた四人とも許されている（㈡一二三頁）。

また、つぎのような事例もある。唐船の荷物を納める蔵を設けるために造られた埋め立て地が、現在は中華街として賑わっている新地である。享保一一（一七二六）年四月二六日夜、その船蔵の一つに盗みに入った者たちがいた。主犯は本籠町《もとかごまち》の庄右衛門（五三歳）で、同町の六左衛門、孫左衛門、六平次に声をかけ、四人で都合、麝香《じゃこう》四〇斤（約二四キログラム）あまりと反物切類などを盗んだ。

どういった経緯で犯人が特定されたのかはわからないが、六左衛門の白状から盗品の麝香を長崎の南隣、十善寺村の善兵衛に預けていたことがわかり、彼が入牢となっている。盗んだ反物切類が何らかの段階で見つかり、事件解決の手がかりとなったのかもしれない。盗みに入った四人は西坂で獄門、麝香を預かった善兵衛は壱岐への遠島となった。

この件では唐船から陸揚げされ品物を納める蔵の警備を担った新地当番の頭人、夜番の組頭八人も責任を問われ、「遠慮」、すなわち役職を解かれている。もっとも五月一四日に申し渡されたこの処分、早くも六月四日には許されたので、軽い謹慎程度の罰だったことがわかる。また新地定番一六人も担当を外された。ただし、盗まれた荷物の手がかりを見つけられれば前のとおり定番を命じ、のみならず褒美も与えると奉行所は彼らに伝えている。

じつは他にもこの事件で責任を問われた人たちがいた。まず本籠町の乙名・河本逸右衛門。両組の者が庄右衛門を捕らえにいったとき、家内の麝香の香りが相当きつかったようである。そのため、もっと早く気づくべきであったと責められたのだった。また捕まったうち四人が同町の者であったところから、「町儀」が疎かであったとされ、逸右衛門は乙名役を取り上げられている。

つぎに組頭だが、今回は容赦するが、今後もしこうしたことが再び起これば処罰すると伝えられている。また庄右衛門の両隣、五人組の者に対しても、今回は容赦するが、この先こうしたことが起こった時にはかならず申し出るようにと伝えている。また同町の日行司は役を解かれている（㈠二二四〜二二五頁）。

以上から、地役人とは公私の区別なく、いついかなる時にもありとあらゆることに対して責任を負うものとされていたことがわかる。

・偉ければ、罪には問われないのが世の習い

延享二（一七四五）年二月のこと、桐油を扱う御用細工人を務めていた条兵衛から、病気なので弟の七郎兵衛を代役にして欲しいとの願書が同じ御用細工師である仕立屋の為右衛

門、同じく青貝屋（青貝細工）の幾七と塗師屋の伊六の三人との連名で、奥書を添えて長崎代官・高木作右衛門に提出された。そしてそれが、同月一三日、奉行所に回された。

ところが条兵衛がすでに病死していたことを知っている者がいたことから、願書の不正が露見した。代官の高木作右衛門が条兵衛の死を知らず、届けを受理していたのである。実際、前年の七月と一二月に払われる役料銀を、奥書をした三人の一人、青貝屋の幾七が会所で受け取っている。さらには、条兵衛の死を隠していただけに止まらず、代役となった「弟」の七郎兵衛が、条兵衛の実弟ではなく彼の妻の弟であったことも明らかになった。

この件では、二月一四日に、役料銀二五〇目を三人に弁済させて逼塞《ひっそく》としている。ところが、この件で代官・高木作右衛門まで管理不行き届きが問われることになればまずいので、同年三月二三日、三人の逼塞が解かれている（(二)三四〜三五頁）。高木家は代々、長崎代官を務める名家である。すなわち責任が上の立場の者に及ばないようにするために、事件自体がなかったことにされたのだ。守られるものは今も昔も変わらないということか。

・身内への甘さ

延享三（一七四六）年五月朔日夜、無宿の吉平が牢抜けして行方知らずとなった。当時の牢番は弥右衛門と新八の二人だった。状況が記載されていないので詳細はわからないが、この二人には手鎖の上、江間八右衛門《えまはちえもん》への預けという処分が下されている。ちなみに江間は牢守の家で、奉行所の判決により非人原《ひにんばる》（非人の部落）に預けられた者たちの人別改を担うなど、非人との関係が深かった。

長崎では慶長一二（一六〇七）年に牢守が置かれたようで、牢番はもともと町中より雇い寛文期（一六六〇年代）頃には五人が命じられていた（「長崎御役所留　上」）。

さてこの二人、不審な点もなかったので「急度叱」で済んでいる。これが一〇月五日。半年近くも入念に取り調べがなされていたことがわかる。しかし、牢番の上司である牢守、そしてほかの牢番は注意だけで済んでいる。牢守の牢番に対する管理責任は、何も追及されていない（(二)五〇頁）。

## 3　住民の不満が爆発

一般論として、人は生活を脅かされると善悪の見境もなく行動を起こし、一線を越えることも時にはある。長崎でもそうしたことが、稀《まれ》ではあるが、あった。

・米屋への押し込み

長崎には田が少なく、隣接する長崎村、浦上山里村、浦上淵村の郷三ヵ村（約三四〇〇石)、および周辺の茂木村、野母《のも》村、高浜《たかはま》村、川原《かわはら》村、樺島《かばしま》村、日見村、古賀村の七ヵ村(約三〇〇〇石)をはじめとした諸地域から米の供給を受けていた。長崎の人口は元禄期の五万人強をピーク(若松正志によると、元禄九〈一六九六〉年の六万四五二三人は、史料的に誤っているらしい)に減少し、一九世紀前半以降、二万七〇〇〇人台になるが(『長崎県史　対外交渉編』)、それでもこの人口を十分に賄える量ではなかった。

そうしたなか、享保一七(一七三二)年秋から翌一八年の春にかけて蝗《こう》(イナゴではなくウンカ類)が大量発生し、西日本は大飢饉となった。米価は同一七年八月から高騰し、米一石銀一四〇目(仮に一両を銀六〇匁とすると、約二・三両)、一升は一三二文から一四〇文となった。そして翌年正月中旬には米一石銀一五〇匁(二・五両)、白米一升一三四文(約〇・〇三三両)にまで高騰した。

当時の長崎奉行・大森時長《おおもりときなが》は諸所に手を尽くし、関東、北陸、中国地方の米穀を長崎に送らせた。これによって長崎の町は救われ、一人も餓死することはなかったが、米屋の打ちこわしが起きている(鈴木康子『長崎奉行』)。享保一八(一七三三)年正月七日のことである。桶屋町、古町《ふるまち》、今博多町《いまはかたまち》、大井手町《おおいでまち》の米屋四ヵ所が襲われ、暴徒は諸道具などを投げつけ、穀物などを散らかすといったありさまであった。襲われた米屋は長崎奉行所には届けず、報せたのは乙名だった。

長崎奉行は検使を派遣して騒動を鎮め、二〇名を捕らえた。捕縛された者は下された刑から三つに区分されていたことがわかる。彦平次、元助の二人と、米騒動に参加した七郎次以下五名、そして騒ぎを見ていた（野次馬）一三名である。脇差を差し、若者を指図した彦平次と、棒を持ち、同じく若者を指図していた元助の二人は過料一貫文（二万五〇〇〇円）。「実行犯」の五名は入牢ののち町預となったがその後、許された。残る一三名は町預となったがすぐに許されている。襲われた四軒の米屋もこれを届け出なかったことから町預となったが、二日で許された者から六月晦日に許された者までいた。

じつはこの時、襲われなかったが人だかりが見られた米屋がもう一軒あった。油屋町の米屋・喜平次の店である。

安兵衛なる者以下の五名がこの米屋・喜平次に安値の米があると聞いているがどうなのかと言っているのが狼藉を加えようとしているように見えたことで捕らえられている。そこに集まっていた二〇名の者たちも捕らえられた。上記の五名は入牢、二〇名は町預となるも二日で許されている（㈠二九二〜二九五頁）。先の四ヵ所と異なり、米屋への押し入りは未然に防がれたことから、長崎奉行・大森時長が加害者、被害者の両者に寛大に対処した印象を受ける。

天明期《てんめい》（一七八〇年代）には冷害や岩木山《いわきさん》、浅間山《あさまやま》の噴火などで東北地方をはじめ農地が壊滅的な被害をこうむった。これにより飢饉に見舞われ、安永九（一七八〇）年と比べて天明六（一七八六）年には全国で人口が一四〇万人減少したといわれている（松平定信『宇下人言《うげのひとこと》』）。西日本でも天明の飢饉は深刻で、長雨などの気候不順で凶作となり、米価などが高騰し、打ちこわしなども見られた（倉地克直『徳川社会のゆらぎ』）。

こうしたなか天明七（一七八七）年五月二八日夜にまたしても米屋への打ちこわしが起きた。「続長崎実録大成」（享和元年成立）によると、天明三（一七八三）年に米穀が高騰し、長崎奉行所の買入米が市中の貧賤の者へ貸渡されている。その後、同七年春からまた米穀が高値となった。

この背景には前年五月頃から雨が続き、七月には江戸をはじめ関東各地が大洪水に見舞われ飢饉に陥ったことがあった。翌年一月には幕府が大坂で米一万石を買い付け江戸に廻送した。これにより大坂で投機的な買米が起こり、米価が高騰したのである（倉地克直、前掲書）。長崎でも米屋が「占売《しめうり》」、つまり買い占めて高値で売り、利益を得ようとしているとの風聞もあった（「続長崎実録大成」）。

このときの長崎での打ちこわしでは亀五郎、喜三次、忠次郎を中心とする総勢五二名が米屋一四軒に押し入り狼藉に及んだ。この件では先の享保一八（一七三三）年の米屋押し込みが参考にされ、亀五郎以下三人は三ヵ所で格子を打ち破り、あるいは石を投げ穀物などを散らかしたことが不埒だとされ過料銭一貫文が命じられた。他の四九名は不埒の筋も聞こえずとして許され、米屋一四軒は「不念之筋も不相聞ニ付」、すなわち不注意であったとも聞かないので許すとの判断が下された（四一七五〜一七七頁）。

亀五郎以下三人の行為は享保一八年の時とは異なっていたが、奉行所には米屋への押込みという括《くく》りで同一視された。そしてここでも往事の長崎奉行・大森時長の寛大な対処が援用された（四一七五〜一七七頁）。なおこの年、長崎市中の貧民に対して一六歳以上の男一人につき米三升、女・一五歳以下の男には一人につき米二升が長崎奉行所の買入米から下賜されている。

飢饉の発生によって起きる物価上昇への住民の不満こそが彼らが善悪の見境がなくなってしまう原因であった。この時の奉行所の寛大な処分が、事態の拡大と多方面への影響を考え判断されたものであることは容易に理解できる。

・老中・松平定信への駕籠訴

長崎の住民の不満が江戸に訴えられたケースもあった。寛政三（一七九一）年三月一一日、長崎の住民二人が老中・松平定信に越訴《おっそ》の一つである駕籠訴《かごそ》（駕籠にすがり訴状を提出すること）を江戸で行った。

訴えたのは東浜町《ひがしはまのまち》の住人・峯新左衛門と本石灰町の武兵衛の二人。訴えの全容は不明だが、訴えの中に長崎奉行・水野忠通《みずのただゆき》とその家来・松山惣右衛門《まつやまそうえもん》に関する箇条があったことから、この両人の非道を松平定信に訴えることが二人の主目的であったと思われる。

訴えられた水野忠通だが、天明六（一七八六）年から長崎奉行を務めるいっぽう、寛政二（一七九〇）年三月には勘定奉行格ともなっている。この兼任の背景には長崎貿易の改正、すなわち輸出用銅の集荷強化と長崎会所の財政問題があった。同時に通詞など地役人の再編による長崎支配の改革も図られた（木村直樹『幕藩制国家と東アジア世界』）。しかしその過程で水野の家臣の収賄行為が露見した。『寛政重修諸家譜《かんせいちょうしゅうしょかふ》』によると、このことは以前から噂されていたようで、ここにも封書をもって訴え出た者もいたとあり、寛政三（一七九一）年、相役（同役）の永井直廉《ながいなおかど》が江戸に戻った時、この件が報告されたと記されている（㈥五一頁）。あるいは松平定信に駕籠訴した峯新左衛門と武兵衛がこの「封書をもって訴え出た者」なのかもしれない。

二人の越訴への幕府の対応はつぎのようなものであった。幕府はだれからも申し立てられなくても役人の勤務ぶりは日頃からよく調べている。ましてや家来筋の者の不埒が申し立てられたなら、即主人、そのほかその地の役人を糺すことを必ずする。にもかかわらず直接訴え出た今回の行為は公儀に対して不敬極まりないことである。かくして二人は松平定信の下知により江戸構長崎払（江戸追放、長崎払）を命じられた㈣三四〇〜三四一頁)。いっぽう水野忠通は、翌年二月二五日に閉門《へいもん》となった。松山惣右衛門の処分は、不明。二人の駕籠訴を行った原因となった事態を幕府も認めたのである。

「御仕置例類集」には大坂町奉行からの伺いで寛政六（一七九四）年に薩摩屋小左衛門なる人物が老中に駕籠訴した例が載せられている。そしてこの大坂の件に関しては、それ以前の明和四（一七六七）年、武蔵国大門《だいもん》町の百姓・権右衛門が「駈込訴《かけこみうったえ》」した例が参照され、江戸及び摂津・河内両国払となっている（三九三〜三九四頁)。東浜町・峯新左衛門、本石灰町・武兵衛による駕籠訴が先例とならなかった理由は不明だが、同罪の刑がこの当時、追放刑との認識であったことがここからわかる。

長崎払となった武兵衛は、寛政八（一七九六）年、長崎に戻っている。そして八月五日に入牢となり、追払を命じられている㈤一八九頁)。

駕籠訴は不正を明らかにして成果をあげたが、幕府がこの行為を許すことはなかった。打ちこわしにしろ、駕籠訴にしろ、通常の正式な意見を上申する方法ではないというのがあくまでも幕府の認識であった。理由がどうであれ、幕府が示した規範を犯すことは許されなかった。だからこそ罰を科されたわけだが、住民の立場に立てば、規範を逸脱してまでも訴え出ざるを得ない切迫した状況に彼らがあったことは想像に難くない。その切羽詰まった状況が、「地場」（長崎）の法秩序と権力を超越する存在としての幕府への直訴へと彼らを促したのであろう。幕府もまた、そのことを認識していた。そのため厳しい処断はせず、比較的軽い処分で済ませたのだった。

# 第四章　法をくぐり抜けようとする者たち

## ――「抜荷」を事例に

江戸時代、海外との唯一の貿易港であった長崎ならではの犯罪である「抜荷（密貿易）」。「犯科帳」に記載されている事件数は多いが、当然、未発見の取引もあるわけで、非公式の取引が日常化していたと見るべきだろう。

幕府は、出島や唐人屋敷の外国人との売買は端布一枚でさえも禁じるなど、正規以外のルートでの輸入品の売買は固く禁じていた。しかし、厳しい取り締まりによって抜荷が一時的に減ることはあっても根本的な解決にはならず、つねに「いたちごっこ」が続いていた（「長崎御役所留　上」）。

組織的で大規模な密輸としては、朝鮮への武器輸出が問題になった寛文七（一六六七）年の伊藤《いとう》小左衛門《こざえもん》事件（㈠二一～二二頁）、延宝三（一六七五）年、末次平蔵《すえつぐへいぞう》の使用人・陰山九太《かげやまくだ》夫《ゆう》が唐通事・下田弥惣右衛門《しもだやそうえもん》と共謀して唐船を購入しカンボジアとの交易を図ったことが明るみに出た末次平蔵事件が有名である（㈠二八～三〇頁）。しかし、このように大規模かつ組織的なものは長崎奉行所の取り締まりが厳しかったこともあり少なく、圧倒的に小規模なものの方が多かった。

その原因として考えられるのが、長崎会所の成立と正徳新例《しょうとくしんれい》の発令（一七一五年）である。近年の研究ではこの改革によって長崎の住民が困窮したことが明らかになっている。金銀の無秩序な海外流失を憂えた幕府が唐船、オランダ船の貿易枠を縮小したのが正徳新例である。また貿易の利益もあらたに設けられた長崎会所が一元的に管理することになった。利益はまず運上金《うんじょうきん》として幕府に上納され、町人に配分されるのはその残りであり、それが地下配分（箇所銀・竈銀）と呼ばれていた。このように貿易への幕府の「締め付け」が強化されたことにより、長崎住民の利益は大幅に減じることになった。小規模な抜荷に手を染めた者が多かったことの背景には、このような長崎住民の困窮化があったものと思われる（添田仁「18世紀後期の長崎における抜荷観」）。

本来、抜荷は発覚すれば死罪の重罪であった。しかし享保三（一七一八）年、八代将軍・吉宗の時に罰則が寛刑化された。先にも紹介したように組織的、広域的で大規模な抜荷がたびたび発生し、幕府はその対応に苦慮していた。そこで、むしろ抜荷の罰を寛刑化し、罪人に自訴を促すことによって抜荷を抑制する方針に大きく舵を切ったのであった。もっともそれによっても根本的解決に至ることはなく、時間が経過するにしたがって、ふたたび組織的な事件も発生するようになっていった。

このように、いったんは寛刑化された抜荷だが、その後の海外事情の変化により、ロシアの南下に警鐘を鳴らし『赤蝦夷風説考《あかえぞふうせつこう》』を記したことで知られる工藤平助《くどうへいすけ》が厳罰主義を唱えるなど、ふたたび厳罰化の要求が高まった。これを受け、松平定信が厳罰主義を復活させ、抜荷に死罪を適用した（鈴木康子『転換期の長崎と寛政改革』）。とは言え、それで人間の欲が抑制されるはずもなく、これ以後も抜荷を試みる者が絶えることはなかった。
以下、実際に起きた事件を見ていくことにしたい。

## 1　命を賭した犯罪＝抜荷で死罪となった者たち

まずは抜荷の刑罰が厳しかった時期の例から見ていこう。吉宗が享保元（一七一六）年、抜荷犯の生命刑を止めるまで抜荷は重罪であり、発覚した場合には磔・獄門の極刑に処されていた。これはそのような刑を受けることを恐れて自害した者の場合でも同様で、自害者の死体を塩漬けにして保存してまでも、西坂の刑場（現在の日本二十六聖人殉教地）において同様の刑に処せられた。逃亡者の追及も厳しく、人相書を近隣の藩に配って捜索を依頼するなど、域外に探索の手を伸ばすことも長崎奉行は厭わなかった。

### 死骸を磔に

貞享四（一六八七）年五月三日に二人、四日に七人、五日に一人の自害者が町外れの所々で見つかった。この年の四九番船が沖合で抜荷を行ったことが発覚したが、その際、一人の唐人を上陸させて匿っている者がいることがわかり、その捜査の最中のことであった。

自害者のうち、沖に出て実際に抜荷を行った大村藩領三重村《みえ》（現・長崎市三重町）出身の万吉（二五歳）、石見国和江村《わえ》（現・島根県大田市《おおだ》）出身の八内（二七歳）の二名は主犯と目され、町内に塩漬けして保存されていた二人の死骸は江戸の指示により、八月二一日、西坂で磔にされた。それ以外の八人の死骸は同日、同場所で獄門にされている。

この事件に関係して罰を受けた日本人は三二人に上り、上記の自害者を除いても九名が「刎首獄門」や「刎首」で命を落としている。この頃までは抜荷が大罪とされていたことがわかる。

この事件に関する「犯科帳」の記録は以上である（㈠五七～五九頁）。だが「長崎御届帳《ながさきおとどけちょう》」を見ると、八月に刑が執行された後、長崎奉行は今回の主犯は万吉、八内のみならず、平吉と庄兵衛という者も同罪であることを知っていたようで、周辺の大名家に人相書（「人形之書付」）を送り、逃亡した二人を捜査させたことが記されている。奉行所は、新たな犯人が明らかになったことで広域的な捜査に切り替えたのであった。結果この二人が捕らえられたのかは不明である。

### 「広域捜査」

抜荷で「広域捜査」が行われた例としては、つぎのような事例もある。元禄元（一六八八八)年一二月二七日島原(現・長崎県島原市)の松平家のもとに長崎奉行・川口宗恒《かわぐちむねつね》と宮城《みやぎ》和充《まさみつ》連名での書状(連状)が届いた。その内容は、抜荷を行った者が逃亡したので松平家領内へ来たならば召し捕らえて長崎へ送るようにというものであった。この時、人相書も送られ、松平家では郡奉行《こおりぶぎょう》にこの人相書を渡して警戒した(「萬覚書《よろずおぼえがき》」元禄元年十二月廿七日条)。長崎奉行指揮の下、広域捜査が行われ、大名家側もそれに従い領内での捜査を行ったのである(捜査結果は不明)。

さらには、重罪に処されたわけではなかったが、やはり「広域捜査」が行われたつぎのような事例もある。

出島乙名の筆者(記録係)として雇われていた大工町《だいくまち》の善吉は、出島に野菜、魚などを持ち込み商いをしているうちに、出島で下働きをしている黒坊《くろぼう》(オランダ人の従者)四人と懇意になった。そのほかオランダ人の大工「あろん」とも同様の関係にあった。あるとき「あろん」が野菜、魚などを受けとったお返しとして鼈甲《べっこう》七枚を善吉に渡した。「あろん」が言うには、およそ金三両二分になるとのことであった。善吉はそれらを懐に入れて出島を出ようとした。しかしその際、探番の者に見つかり奉行所に訴えられた。これが元文四(一七三九)年八月二八日のことだったが、その後、奉行所は、善吉を町預として大工町の乙名・武富源次平に預けた。

しかし、九月二日、善吉は逃亡して行方知らずとなった。源次平は責任を問われ、同月一二日に「遠慮」、つまり職を解かれた。番人をしていたのは同じ大工町の平十郎と権平。平十郎は便所へ行って不在、権平は眠っていた時のことであった。二人は町預となった。

善吉は翌年五月、柳川《やながわ》（現・福岡県柳川市）で捕らえられた。広域捜査が功を奏した事例である。長崎に連れてこられて自身の罪を認めるも、オランダ人「あろん」、黒坊四人はすでに日本を離れていて供述の確認もできない状況だった。善吉の行為が許されるものでないことは明白だったが、この場合は前述のような「本格的な」抜荷ではなく、また鼈甲も取りあげていることから入墨の上、長崎所払で済まされた。

「阿蘭陀人黒坊戯幷犬図」（長崎歴史文化博物館収蔵）

善吉の逮捕によって乙名の源次平は、こうした不始末が二度とないようにと訓告の上で復職を許された。善吉が逃亡したのは平十郎、権平の過失であったが、善吉が見つかったので過料一貫文で二人の町預も解かれている（(一)三七二頁）。

## 逃れられない捜索網

さらには、元禄四（一六九一）年の夏、天草沖で唐人の荷物を抜き取る事件があり、この時にも「広域捜査」が行われた。この事件に関して「犯科帳」に記載のある人物として、同年九月一三日に入牢した亦兵衛がいる。罪状として抜荷物を京に送ったことが問われていることから、抜荷物が京へ送られる過程でこの事件が発覚したものと思われる。

さて首謀者だが、本紺屋町《もとこうやまち》の松本十右衛門の借家人・利左衛門の家の者で、彼の弟の佐藤長右衛門（二八歳）、榎津町《えのきづまち》の住人・中村佐右衛門家代《かだい》（家の所有者は他町に居住していて、その代わりに家屋敷を管理している代理人）の治左衛門（四四歳）、浦五島町《うらごとうまち》の平戸軍右衛門の借家人・五郎兵衛（四二歳）、本籠町《もとかごまち》の家持（家屋所有者）・佐平次（二八歳）の四人であった。しかしそれがわかった時にはすでに遅く、全員、逃亡してしまっていた。

長崎奉行は周辺大名に「人形別紙書付」、つまり人相書を送って捜査を依頼した（『島原藩日記』元禄四年十一月七日条）。「犯科帳」には佐平次とあるが、島原・松平家の日記にある長崎奉行からの書状の写しには「筑後柳川左次兵衛」とある。同廿四日条に、この左次兵衛を捜索するために派遣されたと思われる筑後柳川・立花《たちばな》家の家臣が六名、天草（現・熊本県天草市ほか）から口之津《くちのつ》（現・長崎県南島原市）に渡ってきたと記されている。先の松平家宛の長崎奉行の書状は立花家にも送られていたのだろう。大規模な捜査が行われていたことがわかる。この四名は大坂で捕らえられて長崎に送られた。そのうちの佐平次は町はずれで自害したが死骸は塩詰めにして町内（本籠町）に預け置かれた。この時も江戸の下知により、翌年九月二五日、西坂に於いて佐平次を含む四人が磔《はりつけ》曝《さら》しに処されている（㈠七五頁）。

先の貞享四年の事件での一〇人の自害者と同じく、捜査から逃れられないと判断し、さらには捕まったらむごい刑罰を受けるのは自明であったことからむしろ自ら命を絶つことを選んだのだろう。そもそも抜荷を企てた時点から、最悪の場合、死を覚悟していたのではないかと思われる。

さてこの抜荷の舞台となった四九番船だが、唐船からの抜荷物の陸揚げに関わっていたのは唐人の陳咬であった。だが唐人が罪に問われることはなかった。彼らは「外国人」であり、国内法は適用されないというのが幕府の法解釈であった。したがって陳咬自身が刑罰を受けることはなく、江戸の指示は波止場において長崎に滞在している唐人の眼前で四九番船の船荷を焼き捨て、同船に乗船していた者は二度と日本へ来ないよう強く申し渡した上、貞享四（一六八七）年八月二五日に帰唐させるに止まっている（㈠五九頁）。

この処置を「国禁《こっきん》」といったが、再度日本へ渡って来た場合、いつの時期からかは不明だが、船主に銅三〇〇〇斤（一斤が一六両。したがって四万八〇〇〇両になる）、本人には入墨が科されていた。しかしその後、入墨は許され、本人には銅一〇〇〇〇斤が科されるようになっていたようである（「唐人屋敷並唐船取締ニ関スル書類」）。

しかしこうした見せしめにも犯罪を減らす効果はまったくなかったようで、翌年一〇月七日、またしても同じ三重浦で抜荷が行われている。この時の首謀者、藤右衛門は同月一二日に自害、金元《かねもと》（資金を出した人）二人の内、長右衛門も自害している。この抜荷も大がかりなもので、荷物は大坂で売りさばく算段になっていたようである（㈠六一～六二頁）。

## 死を覚悟してでも抜荷する理由

宝永四（一七〇七）年に捕まった甚三郎は、同二年の唐船・三五番船の船頭「一官」（排行《はいこう》といって、名前の代わりに番号を用いた唐船の船員の通称。一九〇頁に出てくる二官、四官も同様）から「ひやう」（票）をもらった。この「ひやう」は、取引に使用する割符のことと思われるが、これを元に甚三郎は舅の久兵衛から手付銀三貫目を受け取り、九三番唐船の帰帆時に、五島沖で「一〇箇」を抜け取った。この「箇」という単位が何を示す量かはわか

唐人屋敷内にいる遊女たち(石崎融思「唐館蘭館図絵巻」長崎歴史文化博物館収蔵)

らないが中身は端物だった。端物は大坂で売りさばかれ、何と二五貫目の利益になった(㈠一二三頁)。

一貫目は、一〇〇〇匁を一〇〇両と考えると一〇〇両となる。すなわちこの場合には二五〇〇両となり、元手の三貫目の八倍強になったことになる。甚三郎の事件には加担した者が記されていないので一人で利益を独占したのだろうが、死を覚悟してでも抜荷を行う価値は十分にあったことがわかる。

抜荷のもうけの大きさを物語る、つぎのような事件もある。元文二(一七三七)年一一月一六日朝、今石灰町《いましっくいまち》の住人・孫六(唐人屋敷辻番)宛の投文を回り番の者が見つけて奉行所に届けた。内容を確認すると、女筆による人参密売代金の催促であった。唐人屋敷に出入りする遊女に代筆させたものと思われる。さっそく孫六を捕らえて調べると、元文元年の二番船の唐人「八官」から、人参密売のために今鍛冶屋町《いまかじやまち》の新八に連絡をしてくれないかと頼まれたとのことであった。

新八がどう動いたのかはわからないが、八官は同年五月に帰唐した後、翌年の四番船で長崎に戻り、五月二〇日頃、抜買に使う票を唐人屋敷出入りの紺屋・喜曽八を介して新八に届けた。新八は恵美酒町の弥三郎にこの票を渡して荷物の受け取りを頼んだ。弥三郎は自ら行かず、金屋町《かなやまち》の惣右衛門にこの票を預けた。そして票を受け取った惣右衛門が船津《ふなつ》浦《うら》の与平次と二人で小船を出し、与平次が票を持って船まで泳いでゆき荷物一一包を受け取ったのであった。

受け取った荷物は大黒町の孫右衛門方に運ばれ、新八、弥三郎立ち会いの下、その中の九包が新八に渡された。中身は人参などで、豊後町《ぶんごまち》の木薬屋・宇兵衛の所に持ち込まれ、銀子三貫目を新八が借り受けた。そしてこれを届け賃として弥三郎を介して惣右衛門に渡した。また残りの二包も宇兵衛に渡し、一貫目を新八が受け取って、これまた弥三郎を介して惣右衛門へと渡された。つまりこの時の抜荷はトータルで四貫目になったことになる。惣右衛門はすぐには捕まらなかったが六年後、長崎に戻って自訴した。その際、弥三郎から四貫目を受け取ったと白状したのがこの四貫目のことである。なお、与平次は四年前に死んだと、この時、惣右衛門は述べている（㈠三九九頁）。

四貫目は一〇〇〇匁を一〇〇両と考えると四〇〇両となる。おそらく人参の売り上げの一部と思われるが、一貫二〇〇目が得られたとして、宇兵衛から新八にその内から六〇〇目が渡されている。実行犯として相当な額を受け取っていたことになる。この抜買の中心的人物の新八は、いったいいくら利益を得ようとしていたのだろうか。

話を戻すと、当初、唐船から一一の包みの内の二包みは沈香、鼈甲であったとして、八官から戻してほしいとの連絡を受け、喜曽八を介して戻している。そして残りの九包（七斤）の人参代として古金一九〇両を四度に分けて八官に渡した。じつは八官は同船の五官が持っていた人参の取次を行ったのであって、この内から五〇両を受け取った上で残りの一四〇両を五官に渡している。長崎奉行はこれら一九〇両を取り上げた上、以後日本への渡海を禁じる旨の江戸からの下知を二人に伝えている（㈠三五三〜三五五頁）。

ところで五官が所持していた人参だが、別の事件からその来歴が明らかになった。その際の自供は以下のとおりであった。元文元（一七三六）年の二番船に乗っていた水主で、唐人屋敷で酒・食物などの小商いを行っていた劉則杜なる唐人が病死した。劉は病臥中、五官に人参二八〇目を預けていた。これは唐人の薬用として屋敷内にあったものを少しずつ盗み、また酒・食物を売った代物としても劉が受け取っていたものだった。五官は小商いをするために、野菜売りの甚右衛門に仲介を頼んだという。思いもかけず人参を手に入れ、魔が差したのであろう。長崎奉行所はこの人参も取り上げている（㈠三五六頁）。

同様のことは元禄四（一六九一）年五月五日の事件でも確認できる。榎津町の住人・河内三左衛門と筑後柳川瀬高《せたか》（現・福岡県みやま市）の三郎右衛門の二人は、長崎から二〇里ほど離れた沖で、帰帆する唐船に近づこうとした。この時、唐船護送の鯨船が怪しみ、彼らの船に近づいてきた。二人は自害するために海に飛び込んだ。この事例からも、捕まるよりも自害を選ぶのがしばしばであったことが確認できる。

海に飛び込んだ三郎右衛門の体は、海中に沈んで見えなくなった。だが三左衛門は引き上げられた。三左衛門は今回の企てを自白した。しかし深手を負っていたため七日に死亡、死骸は塩詰めにされた。江戸に処置を伺ったところ、下知により死骸は七月一二日に西坂で磔にされた（㈠六八頁）。

### はえ縄で銀子を引き上げ、抜荷の企てが発覚

元禄三（一六九〇）年一〇月二一日、長崎港の入口に当たる小瀬戸《こせと》の水主・清左衛門以下五名は、小瀬戸前で漁をしていたところ、はえ縄で魚ではなく銀子を引き上げた。戻った

後、事実を申し出れば無事に済んでいたのだろうが、銀子を引き上げたことが小瀬戸に戻ったところで金屋町の庄右衛門、今町《いままち》の喜衛門、助左衛門の三人に知られ、銀子をこの三人と分けた。どういう経緯でそれが長崎奉行に知られたのかはわからないが、八人は五島に遠島となった。

この銀子、じつは抜荷のための資金であった。

島原町の大坂屋忠右衛門と堺《さかい》（現・大阪府堺市）の海部屋仁左衛門の手代・海部屋徳右衛門、そして伊予国二神島《ふたがみ》（現・愛媛県松山市）の船頭・善助は、一〇月六日夜、帰帆する唐船と接触して荷物を買い取る手はずになっていた。だが唐船出船後、小瀬戸前で夜回りの番船に見つかり、銀子を海に沈めたのだった。この時はうまく逃げられたのだろうが、後日、銀子が見つかり、同月二六日、二八日、一二月一〇日に三人はそれぞれ牢に入れられた。この時期の抜荷は大罪であり、忠右衛門と徳右衛門は西坂で磔、善助は同所で刎首獄門晒となった。

手代・海部屋徳右衛門の主人で、このとき大坂屋忠右衛門方に泊まっていた海部屋仁左衛門も、抜荷が企てられた時、一味に証文なしで銀子一貫目を貸し出したことを白状した。またこの時、手代の徳右衛門が口入れから銀子五貫目を借りたことも忠右衛門と徳右衛門の自白により明らかになった。仁左衛門への江戸の判断は西坂での斬罪であった。また善助とともに船を出した、同じ伊予国二神島の水主・長三郎も、抜荷の企ては知らなかったものの、忠右衛門、善助が悪事を企てていることを知りながら奉行所に申し出ず水主として船に乗り組んだことが罪とされ、西坂で斬罪となっている（㈠六七〜六八頁）。

偶然、はえ縄で引き上げた銀子から一つの犯罪が生まれ、そこから、その前に計画されていた別の犯罪の真相が明らかになった事例である。稀なケースだろうが、このように芋づる式に犯罪者が捕らえられることもあったのだ。

## 処罰の違い

もっとも、先の貞享四（一六八七）年の唐人・陳咬の場合にも見られたように、抜荷が発覚しても厳罰に処せられるのは日本人だけだった。貞享三（一六八六）年、日本人二八人とオランダ人八人が関わる密貿易事件が起こった。この件で奉行所は、オランダ人八人は手錠を掛けて商館長（カピタン）に預ける処分にした上で、日本人には死罪を命じたので、オランダ人も本国の国法に従って裁くようにと命じている（㈠五三〜五五頁）。

同様のことは、元禄四（一六九一）年九月にも見られた。筑前今津《いまづ》（現・福岡市今津）の喜兵衛（三七歳）と長崎金屋町の治右衛門（二五歳）は、出島で商売をしているときに役人の目を忍んでオランダ人「ろいす」と密談し、龍脳《りゅうのう》二〇〇目を買い取った。龍脳は薬品や香料として使われるものだが、やがてこの件が露呈した。喜兵衛と治右衛門は捕らえられた後に自白したが、江戸の判断で一〇月二一日、出島に滞在のオランダ人に見せしめのため出島前で刎首・獄門となった。

一方「ろいす」については、商館長へ帰帆の節に再渡航しないよう命じるようにと伝えるに止まっている（㈠七〇頁）。

つぎのような事例が延享元（一七四四）年にもある。大黒町の住人・惣次兵衛は、同町の吉平と長八を銭二貫やるから付いて来るようにと誘った。応じる方も問題だが、三人で船を借りてオランダ一番船に乗り付けた。だが櫃を四つ下ろそうとしているところを湊廻船（港内を巡視する船）に見つかった。慌てた三人は海に飛び込んだが、吉平と長八は捕らえられてしまった。

吟味で、この二人は惣次兵衛に頼まれて水主を務めただけだと口述した。これ以外の証拠はなかったが、彼らは入墨の上、出牢が許された。櫃四つと船は取り上げられ、従来の住居は許されたが今後、出島、唐人屋敷、新地、荷役場への一切の立ち入りを禁じられた。

惣次兵衛は行方知らず。いっぽうオランダ側の石火矢役（砲手）「けひすべる」と「はんあす」には鼈甲密売の容疑で今後の日本渡海を禁じている。当然、惣次兵衛からすでに「けひすべる」「はんあす」に渡されていた金子も取り上げた（㈡二五頁）。

異国人に対しては同じ罪を犯しても明らかに日本人より軽罰であった。正徳二（一七一二）年のことだが、長崎奉行のなかには、異国人（唐人）に重罰を科そうとした者がいて死刑を申し付けたことがある。しかし、唐人船頭たちが同意せずに結局「死刑」を実行できなかった（拙著『江戸幕府と国防』）。現代とは異なる法適用範囲の認識が当時あったこと、そして、日本には法適用の範囲を修正しようとしても異国人の罪に対して自らの決定を相手に力ずくで押しとおせる立場にはなかったことがここから知れよう。

**朝鮮への渡海**

海外渡航の試みが発覚すれば死罪に処せられていたにもかかわらず、禁を犯して海を渡った者たちもいた。

享保一〇（一七二五）年、対馬国分町《こくぶまち》（現・長崎県対馬市）の石橋七郎右衛門（三〇歳）が、鍋島家領内の皿山赤絵町《さらやまあかえまち》（現・佐賀県有田町）の町人・嬉野次郎左衛門（四〇歳）および平戸の今津屋長右衛門（四一歳）と謀り、一昨年来、朝鮮に渡って人参を買い取っていたことが露見して対馬で捕らえられた。そして同年四月、彼らを吟味した口書（供述書）が対馬の宗家から長崎に届けられた。

奉行所が犯人の一人である嬉野次郎左衛門を長崎に護送させて尋問したところ、一昨年の九月と一〇月の二度、石橋七郎右衛門と申し合わせて朝鮮に渡り人参を買ったこと、この四月にも朝鮮に出船したが逆風で対馬の院浦《いんのうら》（場所不明）に漂着し、そこの役人に見咎められて捕まったと供述した。

今津屋長右衛門も、長崎で詮議したところ、七郎右衛門、次郎左衛門などに一昨年来たびたび宿を提供し、朝鮮抜船（朝鮮への密出国）のことなどを相談し、船に乗りこむ水主などの世話も行っていた。さらには、自身も昨年二月、七郎右衛門と申し合わせて朝鮮に渡り人参などを集めていた。その後、またしても肥前伊万里《いまり》（現・佐賀県伊万里市）の前田忠右衛門（三九歳）と出船したが、この時は逆風に遭い朝鮮への渡海をあきらめた、と自白した。

これにより、新たに伊万里の前田忠右衛門の所行も露見することとなった。忠右衛門は伊万里の当主である鍋島家（佐賀）において詮議を受けた。その自白によると、去年四月、平戸の今津屋長右衛門方で石橋七郎右衛門と出会い朝鮮抜買のことを相談し、七郎右衛門、長右衛門、次郎左衛門の三人とともに出船した。しかし対馬沖で逆風に遭って平戸沖に戻り、そこから国元に帰った。そしてそれ以降、朝鮮渡海は企てなかったと述べた。この一言で、ほかの者は西坂で獄門となったが前田忠右衛門だけは五島への遠島で済んでいる。

なお、七郎右衛門は対馬で牢に入っていたが、病で命を落とした。死骸は塩詰めにされ、江戸の下知を待った。江戸の下知は、対馬において刎首獄門であった。

話を戻そう。当然、朝鮮への渡海には船が必要だが、その手配をしたのは肥前国大島浦《おおしまうら》（現・長崎県平戸市）の船頭・徳左衛門（三三歳）であった。実際の渡海の船頭は、石橋七郎右衛門、今津屋長右衛門、嬉野次郎左衛門の三人が務めた。徳左衛門も同じく長崎で詮議を受け、以下のように供述した。一昨年、九月と一〇月に二度、昨年二月に一度と都合三回、朝鮮に渡った。また四月にも次郎左衛門と申し合わせて朝鮮への渡海をめざした。しかし逆風に遭って対馬の院浦に漂着、そこで役人に捕まった。

これは、他の者たちの供述と一致する。ただ、徳左衛門はあくまでも船頭を務めただけであり、自分の銀子で抜買をしようとは考えていなかったように聞こえると「犯科帳」には記されている。だが江戸の判断は徳左衛門も西坂での獄門であった。

一連の朝鮮渡海に関わった水主は八人いたが、うち三人は石橋七郎右衛門、今津屋長右衛門、嬉野次郎左衛門に雇われた者たちで、一昨年から三度、朝鮮に渡っていた。彼らは朝鮮に行くことを知っていた可能性が高いものの、自分の銀子で抜買したわけでなかったこともあり、所払で済んでいる。残りの五人のうちの三人も、同じく石橋七郎右衛門、今津屋長右衛門、嬉野次郎左衛門に雇われた者たちであったが、彼らは昨年、一度、朝鮮に渡ったが、朝鮮へ渡海するとは知らされておらず、海上で行き先を知ったと供述している。この者たちについては、江戸の下知はお構いなしで松浦家の聞役（長崎にある平戸松浦家の屋敷に詰めていた者）に渡された。

残る二人は四月に嬉野次郎左衛門に雇われた者たちだが、院浦で捕らえられたときに水主にだまされていたことにはじめて気づいたと自白している。彼らにもお咎めはなく、同じく松浦家の聞役に渡されている（㈠二二〇〜二二二頁）。

## 2 「軽罪化」の時代

### 「拾う」という行為

これまで見てきたような「本格的な」ものではない、以下のような軽微な規律違反も「犯科帳」には「抜荷」としてカテゴライズされている。

享保一七（一七三二）年七月四日、江戸町《えどまち》の住人ですぐ近くにある出島のヘトル（商館長次席）部屋で働いていた日雇の長兵衛が、出島の表門近くにあった新番所での改めで、珊瑚珠を三七粒、身につけているのが見つかった。その日、商館員「すてるまん」の部屋の二階から下に落ちた珊瑚珠を拾い集め、出島から持ち出そうとしたのだった。

**出島に復元されているヘトル部屋（筆者撮影）**

吟味では、以前にも同様のことをしていたのではないか、またオランダ人に頼まれてやったのではないかと問い詰められたが、拾い盗っただけであることがわかった。結局、出島、唐人屋敷、その他、荷役などの場所に近づかないことで許された（㈠二八四頁）。

また享保二〇（一七三五）年、オランダ荷役の日雇を務めていた大黒町《だいこくまち》の長右衛門以下六名が、帰る際の大門での所持品チェックで「ぎがん（ギンガム：格子縞模様、または碁盤型に太糸で縦横格子を入れた西洋風の平織木綿。『日本国語大辞典』）」の切れ端を持ち出そうとしていたことが発覚した。これで彼らは町預となったが、落ちていた物を拾っただけだったとのことで、以後の荷役を禁じられるという処分だけで許された。この場合、拾った段階で役人に届けなかったことは問われていない（㈠三二三頁）。

碇泊している異国船の周りは不審者がいないかと常に警戒されていた。にもかかわらず、つぎのようなことも起きている。享保一一（一七二六）年七月一〇日、廻り船（監視船）の見張り番が、出島前の海から唐船が係留されている梅《うめ》ケ崎《さき》に向かって泳いでいる男を見つけた。捕まえようと追いかけて、その者が江戸町に泳ぎ着き、陸に上がったところを捕まえた。捕らえられたのは西上町《にしうわまち》の住人・孫左衛門（三三歳）。吟味すると、酒に酔って泳いでいたとのことだった。

不可解に思った奉行所が再度、吟味したところ、荷役時に出島水門前に落ちた品などがあるかもしれないと思い、それらを探して泳いでいたと自白した。今後こうしたことはしないようにと叱るだけで許されたが（㈠二二七頁）、孫左衛門のような軽率な行動をする者が後を絶たなかったことは「犯科帳」に載る同様の多数の事例から見て取れる。

## 借金返済のために抜荷

前述のようなケースは出来心による些細な犯行だが、こうした例はむしろ少なく、さまざまな理由から計画的に犯行に及ぶ方が大半であった。

桜馬場《さくらばば》の住人・吉六（三二歳）と、唐人屋敷出入りの植木商人・与七（二五歳）、甚助

（三八歳）の三人は、唐人屋敷での商いのため、本下町《もとしたまち》の三郎次（四八歳）の仲介により袋町《ふくろまち》で両替を営む岡村屋から都合六貫目を借金した。しかし、返済が滞ったこともあり、三人は密買を企てた。

寛保元（一七四一）年六月一六日、三人は唐人屋敷で元文五（一七四〇）年の二五番船の「一官」こと金有声との間で人参密買の話をまとめた。取引内容は、大人参三四八匁ほど、折人参一一八匁ほど、えび手人参（朝鮮人参）一二〇匁ほど、合わせて三包を古金六四両で購入するというものであった。このうち折人参一包は吉六に金有声を引き合わせた四官から二〇両で受け取ることになっていた。

その日の夜、三人は唐人屋敷の塀の外まで忍び入った。約束通り館内から人参が投げ出され、彼らはそれを受け取った。そして翌日か翌々日に三郎次方にその人参を持ち寄った。そこには先ほどの両替商・岡村屋の手代清六（二九歳）もいた。事件発覚後、清六は今回の企てを聞いた時、悪事だとは知っていたものの返済が滞っていたので致し方なく事件に加担したと自白している。

三郎次方に五人が集まった際に話を戻すと、清六に借金の代わりに三包が渡された。清六は三郎次に頼み、恵美酒町《えびすまち》の助七にその人参を質入れした。この時の銀は清六に渡され、三郎次も仲介料を受け取った。三人と岡村屋との貸借関係は、これで解消された。

## 代銀未払い・唐人軟禁

では唐人への支払いはどうなったのだろうか。同年一一月二四日、一番船の田四官なる唐人が、吉六が密買していると唐人屋敷の大門に投文した。唐人屋敷には大門、二之門それぞれに番所があり、昼四人、夜二人が詰めていた(「唐人屋敷並唐船取締ニ関スル書類」)。この投文が唐人番に見つかり、今回の事件が発覚した。しかしなぜ、ここまで名前が出てこない田四官が投文をするに至ったのだろうか。

そもそも吉六に人参を渡したのは二官だったが、この人参には四官の物も含まれていた。そこでなかなか代金を受け取れない唐人二人がそれぞれの立場で動きを見せていたのである。

まず四官は代金の支払いが滞っているのは二官が偽ったからではないかと疑い、七月ごろ、催促のために唐人屋敷出入りの遊女・荻野を桜町《さくらまち》の吉六方に遣わした。その後、二官自らも屋敷の塀を越え、忍んで吉六宅に行っている。

吉六は返済の目処が立たないと二官に伝えたが、二官は納得しなかった。そのため新大工町《しんだいくまち》の七兵衛などに頼んで二官を納得させようとしたが、それもやはりできなかった。そこで吉六、与七、甚助の三人は磨屋町《とぎやまち》の利助を通じて三郎次に頼み、助七から古金二二両を貸し付けてもらった（このとき利助は清六に、礼金として金四両、銀一〇〇目をねだっている）。六四両のうちこの二二両を渡すから今はこれで了解してもらいたい、吉六はそう二官に伝えた。だが二官はこれを受け取らず、残らず支払わなければいつまでも居続けるだけだ、と述べた。

二官の「居続け」が露顕すると大事になる。一一月一七日の夜、吉六は与七宅の二階に二官を連れて行き、二一日まで軟禁した。しかし金を工面する当てもなく、二一日の夜に吉六、与七、甚助の三人は話し合って鍛冶屋町まで二官を連れ出すと、そこで彼を突き放して逃亡した。この間にも四官は、先に出てきた遊女・荻野を今一度、吉六のところに様子を見に行かせている。その後、二官は、唐人屋敷に戻ろうにも戻れずに屋敷の周りを徘徊していたところを番人に見つかり捕らえられた。

## 抜買の隠蔽と発覚

彼の乗る二五番船の船主であった梅宏閣は、奉行所から一連の件に関して二官の人となりを聞かれた。梅は二官について、以下のように証言した。二官は館内で多量の品を購入し、その代銀を厳しく催促されて近ごろ乱心の様子だったので心配していた。そんな折、唐人屋敷の塀を越える不届きをしてしまった。この先も心許ないので、今度、出船する八番船に頼んで帰国させたいと述べた。長崎奉行所は二官に手鎖を命じていたが、一一月二二日に船が出帆するので検使を彼のところに送った。

これで二官を帰国させれば話は終わるはずだった。しかし予想外のことが起きた。この時にも二官が検使に投文をしたのである。その内容が奉行所で吟味され、館内で売掛（代金はあとで受け取ることを前提に商品を売ること）などを行い、不埒なことをしていたように聞こえるということで、奉行所は梅への事情聴取を行った。梅は、今度も乱心の様子で不埒なことを言っているので、はやく帰国させた方がよい、売掛などのことは船主である自分が引き受けるとの書付を差し出すと申し出た。梅の申し出の内容は二官にも伝えられ、船主が説明した以上のことはないとの書付が二官からも奉行所に差し出された。

その結果、二官に対して長崎奉行はご禁制を破り唐人屋敷の塀を越えたことは不届きであるとして、今後、長崎に渡海することを禁じた上で同月二三日、八番船に乗って帰国するように命じた。船主はおそらくすべてを知っていたはずだが、自分たちに災いが降りかかるのを回避したかったのだろう。そのために、二官の早期帰国を願ったと理解すべきだろう。梅の考えは二官にも伝わっていたから、彼もことを大きくするようなことはしなかった。

本来はこれで終わった話であり、密買のことは表に出るはずはなかった。しかし、先にふれたように二官が帰国した翌二四日、田四官が唐人屋敷の大門番所に投文をして密売が明らかになった。じつは田四官は二官と同郷で、彼が捕らえられている時に会いにいって吉六に人参密売を持ちかけられた事情を聞き、今後を託されていた。田四官は二官を不憫に思い、前後のことを顧みず、頼まれたことを投文したのである。二官にしてみると、自分だけが損をこうむり長崎滞在の唐人にとって最も重い罪を科されたことに不満があったからこそ、同郷のよしみで事実を田四官に伝えたのだろう。

これにより事件の全容、つまり人参密売が奉行所の知るところとなり関係者が捕らえられて罰を受けた。吉六と与七は壱岐（現・長崎県壱岐市）への流罪。甚助は入墨の上、重追放、清六は中追放となったほか、九人の関係者が罰を受けた。四官と田四官は、今後の日本来航が禁止され（国禁）、二八日の船で帰国した（㈠三九四〜三九九頁）。

**事件の真相はなかなか摑めない**

じつはこの一件にはさらなる続きがあった。吉六、与七、甚助の三人に金を貸した助七が寛保三（一七四三）年、長崎奉行所に自訴したのだ。助七について「犯科帳」には古金を貸したこと、逃亡していたことが記されているだけで、それ以外の記述はない。しかし「御仕置伺集」を見ると以下の事情が判明する。

寛保三年一一月付で長崎奉行・田付景厖《たつけかげあつ》から「去去年（寛保元年）六月人参を密売した桜馬場の吉六一件で駆け落ちした助七に対する御仕置についての（江戸への）伺いの覚（去々酉年六月人参密買仕候桜馬場吉六一件之内欠落立帰助七御仕置之儀奉伺候覚）」と寛保元（一七四一）年時の「御下知之御書付写」が江戸に送られている。

前者の「覚」は調書であり、そこには付箋（「黄紙付札」）が付けられ、「この助七は密買の人参を取り次ぎ売り払い、また密買人たちへ銀子を貸したことは不届きだが、自訴してきたので住居はこれまでのところで構わないでしょうか（「此助七、密買之人参を取次売払、且又密買人共江銀子貸候段不届ニ御座候得共、自訴仕候間、無構所住居可申付候哉」）」と、田付からの提案が添えられている。

さてこの助七だが、質入れされた人参は、三郎次から頼まれた際に出所がはっきりしたものだとの説明を受けていたので、肥後（熊本）からの旅人・八郎兵衛に売って代銀五〇目を受け取ったと白状した。しかしこの八郎兵衛なる者については、どこに宿をとっていたのかもわからないという。また三人に金を貸したのは、彼らが命にかかわることだと言って無心してきたからで、銀二貫目を用立てたと自白した。

これまでの話だと、貸した金は古金二二両だったはずである。奉行もこれには気づき、三郎次に頼まれた人参を売り払ったのだから同類だ、偽りを言っているのではないか、と助七を厳しく問い詰めた。しかし、決して古金は所持しておらず、銀だったとの口述に変化はなく、奉行所としてもこれを信じざるを得なかったようである。従って「覚」には、三人が詮議の時に古金と言ったのは、この古金についても助七に罪を着せようとしたのかもしれない、と記されている。もしそれが事実なら、あくまで推測にしかならないが、四人は捕らえられた後の自白までも事前に相談していたのではないかと思われる。

江戸の判断は一一月に示された。伺いのとおりに命じるとのことで助七は許された（「御仕置伺集　上巻」四七〜四八頁）。

## 仕入れ値の六倍で転売

唐人屋敷の野菜商人・次八もまた、延享三（一七四六）年六月二一日、唐人屋敷大門で籠の中に入れて持ち込もうとしていた煎海鼠約八〇斤（約四八キログラム）を探番（唐人の懐などを探る者）に見つかった。唐人に頼まれて所持していたのだが、なぜ危険なリスクを犯してまでこんなことをしたかというと、他で売るよりも唐人屋敷で売るほうが利益を得られるので、つい欲に目がくらんだとのことであった（「外ニ而売候より利分も有之候ニ付、欲に迷ひ」、(二)四七頁）。

唐人屋敷での日用品、野菜などの取引は、出入り商人との相対によって行われていた。

そのため互いのやりとりの中で相も変わらず不正が行われていたのである。これに対応するために奉行所は、寛保三（一七四三）年、代銭を渡す際には唐人屋敷乙名と組頭が見届け、さらには唐通事の一人である内通事小頭も立ち会う二重のチェックを唐人屋敷に命じている。

同様の触は寛延二（一七四九）年、宝暦六（一七五六）年などにも出されている（「唐人屋敷並唐船取締ニ関スル書類」）。しばしば同種の触が出されていることをふまえると、取締強化の効果が上がっていなかったことがうかがえる。

では、なぜこうしたことがしばしば起こったかというと、かつては発覚すれば死罪とされていた抜荷がこの時期には、見つかったとしても科せられる罰が唐人屋敷および新地、出島、その他、荷役などの場所への立ち入りを禁ずるといった程度になっていたからではないかと思われる。唐人屋敷での商売特権を失うことによる損失も確かに大きかっただろうが、それと天秤にかけても行うだけの魅力が抜荷にはあったことを事件の数々は物語っている（(二)四七頁）。

実際、「ぼろもうけ」の様子がわかる以下のような事例もある。享保一八（一七三三）年、出島探番の甚八は、遊女町・寄合町の筑後屋九郎右衛門抱の遊女・新山に頼んで唐人から人参を二五匁で手に入れ、肥前の旅人・清七に銀一五〇目で売った。なんと仕入れ値の六倍である。少々のリスクがあろうとも抜買に加担したくなるのも道理である。これは自白から知り得た情報だが、このケースでは家財三分の一取り上げとなっている（㈠三〇二頁）。

## 誤って入れたわけではないでしょう?

元文二（一七三七）年九月一七日、東古川町《ひがしふるかわまち》の甚右衛門と八郎左衛門、および銀屋町《ぎんやまち》の茂惣治の三人が唐人屋敷に野菜を持ちこもうとした。その持ちこみの際、探番が確認したところ、野菜の下から煎海鼠二四〇斤余と干鮑一六〇斤が見つかった。大門当番の者が奉行所に通報してきたので八百屋頭人を呼び出して吟味したところ、三人は利欲に迷い、頭人には秘密で少しだけ煎海鼠と干鮑を野菜の下に隠したと自白した。これによって彼ら三人は手鎖を掛けての所預とされた。

この処分に対して頭人たちは奉行所に、三人は誤って入れただけだとして赦免を願い出た。煎海鼠二四〇斤余、干鮑一六〇斤は併せて二四〇キログラム、とうてい魔が差して隠し持っていただけだと説明できるような量ではない。そのことから考えても計画性があったことは明白であろう。しかし奉行所は頭人たちの願いを聞き入れ、今後こうしたことをしないようにと「急度叱」にして、一〇月一八日に彼らを許しているので、嘆願の効果はあったということになるだろう（㈠三五一頁）。

こうした長崎奉行の甘い判断は、これら三人とは別に、その一〇日後に手鎖・所預にされていた銀屋町の赤銅屋・加左衛門の倅・利三次の場合にも見られた。利三次は、享保二〇（一七三五）年の二七番船に乗っていた唐人・宣官なる者に赤銅流金の道具を売った代金として古金一両を受け取り、懐中のたばこ入れに隠し持っていた。唐人屋敷の新番所で当番の者がこれを見つけて奉行所に通報したところ、上記の経緯を利三次が白状した。自白で減刑されることは理解できるが、誤って入れたことを嘆いたことも宥免の理由として奉行所は所預を解いている（㈠三五一頁）。

**唐人のボディーチェックをする役人（「漢洋長崎居留図巻」長崎歴史文化博物館収蔵）**

こうした奉行所の判断は、犯罪者の更生を期待してのものだったのだろうが、いとも簡単にその期待を裏切る者もいた。例えば先の東古川町の甚右衛門である。翌年にも彼は四番船に乗っていた唐人・五官から人参を受け取り、本紙屋町《もとかみやまち》の助右衛門に渡して密売を頼んでいる。この助右衛門を取次役として人参は東古川町の藤四郎に渡り、彼から今度は後興善町《うしろこうぜんまち》の浅右衛門、甚八、宇平次、金兵衛の四人の手に渡った。だがこの四人がこの人参の出自を疑い、奉行所に自訴したことからことが明るみに出たのだった（㈠三五五～三五六頁）。

甚右衛門は今回の件でも誤って入れてしまったのだとして赦免を奉行所に願い出ている。重犯であったにもかかわらず、情状酌量で入墨を命じ、唐人屋敷の出入りを禁止される程度で済んでいる。

**嘘をつく男**

延享二（一七四五）年四月一三日の夜、唐人屋敷の垣の外にいた与四左衛門、惣兵衛、喜八の三人が捕らえられた。三人がそこにいた理由は、与四左衛門が平左衛門なる者から、唐人屋敷の垣の外に行けば金儲けができると聞いたからだった。この平左衛門だが、彼もまた、甚五郎なる者から聞いた話として与四左衛門に伝えたらしい。

平左衛門の自供によればその夜は小雨が降っていて暗かったので、こうした夜には唐人屋敷から何か物が出される、つまり抜荷が行われるかもしれないと考え、酒に酔っていたのでそうした話を与四左衛門に話したまでで、万一言った通りのことが起これば酒代ぐらいは貰えるだろうと軽く考えていた、とのことであった。

この程度の話を信じる方も信じる方だが、あるいは天候の悪い日を見計らって抜荷がなされることは町中ではよく知られていたのかもしれない。

奉行所には、与四左衛門、惣兵衛の自供が抜荷品を横取りする意図で唐人屋敷の垣外に出向いたと聞こえたようで（「畢竟せらい〈競合〉之心懸ニ而罷出居候と相聞候」）、それぞれ五〇〇文、七〇〇文の過料を命じている。喜八は三年前に回国を望み、正式に出国切手をとって長崎の北隣に位置する浦上淵村《ふちむら》を出ていたが、戻っても住居の願いを出しておらず無宿となって徘徊などしていたことから入墨の上、追払が命じられた。

じつは与四左衛門は、惣兵衛のところに喜八と一緒に泊まっていた甚平にも声をかけていた。甚平は与四左衛門からいい日雇があると誘われて一緒に行ったが、銭を得られる様子もなかったのでひとり先に帰り、そこで捕まったのだった。吟味すると、行った場所もどこかわからなかったようなので咎められることはなかった。偶然かもしれないが、欲がなかったことが身を助けたということになる。

さて、平左衛門はというと、捕まった際、儲け話は今鍛冶屋町の住人・甚五郎から聞いたと自供した。早速、奉行所は甚五郎を尋問した。だが甚五郎はそれは事実ではないと答えた。今鍛冶屋町乙名・金子治三太も甚五郎を請け合える人物であると証言した。平左衛門が嘘を言い、罪を甚五郎に擦《なす》り付けようとしていたのだ。

平左衛門は元唐人屋敷の野菜商人で、同年二月八日、大根四荷の代銀の代わりに沈香《じんこう》（香木のひとつ）をもらい、それを唐人屋敷から持ち出す際に見つかっていた。その際は許されていたが、この件と今回の悪事とを併せ、また罪を甚五郎に擦り付けようとした行為も踏まえて奉行所は彼に入墨を申し付けた。また住居は以前どおりで構わないが、今後いささかなりとも悪事をしたことがわかれば厳科に処すとも伝えている。もしかすると、平左衛門はこの時期、二月の件で自暴自棄になっていたのかもしれない（㈡三四頁、三六～三七頁）。

## 3 「あの手、この手」――犯罪者は知恵を絞る

お上の追及を逃れるために犯罪者はだれしも知恵を絞っていた。以下、判例から彼らの「手口」を見てみよう。

**物々交換**

唐人屋敷で魚や野菜を商っていた新右衛門は、宝永四（一七〇七）年に、唐人から鮫、砂糖などを手に入れた廉で捕まった。代銀の代わりに魚、野菜を渡しただけではなく、魚や野菜の籠の下に銭を入れて唐人に渡したと自白している。この新右衛門は拷問の上、以上のことを白状して入牢を命じられたが、宝永七（一七一〇）年、牢内で死んだ。塩詰めにされ江戸の判断を長崎奉行が仰いだところ、取捨つまり死体を葬らせないことが下知された（㈠一二四頁）。

また、唐人に薪を売っていた七兵衛は、一年足らずで分不相応に家屋敷まで持つようになった。度の過ぎた贅沢で目立ったのだろうが、抜買で儲けたことが露顕して捕まった。家屋敷を買う代銀には薪を売って得たものだけではなく、煎海鼠や干鮑を売りさばいて得た報酬も充てたと白状しているところから、唐人と取引ができれば相当の利益を得ることができていたことがわかる。

さらに、寛保元（一七四一）年に露見したいくつかの事件を見てみると、七左衛門の場合が竹櫛三〇枚と鰹節、同じ年の唐人屋敷の杖突・金右衛門の場合は綾木綿三反と鳥、豚、たばこなど、稽古通事・林繁之助の下人・徳助の場合は、赤玉（琥珀）二つと人参三八匁分、唐人屋敷組頭代番・加幡忠五郎の下人・又助の場合は紗綾四反、小玉銀三八匁四分と印籠三つ、というように、嗜好品ばかりではなく日用品などありとあらゆるものが交換されていたことがわかる（㈠三八七頁）。これだけの交換が常日頃から横行していたのだから、むしろトラブルが起きるのは必然と言ってよいだろう。

## 多発するトラブル

延享元（一七四四）年、唐人屋敷で細物《こまもの》を商っていた角平次は、阿仙薬《あせんやく》三包を唐人屋敷から持ち出そうとして捕まった。

細物とは日常使用する細々とした物のことで小間物とも書く。小間物屋と書けば理解できる方も多いだろう。阿仙薬は、整腸薬、収斂性止瀉薬《ししゃやく》、口腔清涼剤として用いられていた薬である。もっとも角平次がこの薬を要求したわけではなかった。唐人に銅器物を売った代銀を催促したところ、これを渡されたのだった。

この時期、こうした商いのトラブルが多発していた。角平次はいったん手鎖の上、所預とされたが、再吟味したところ疑わしいことはないとして、阿仙薬を取り上げ、今後の唐人屋敷への出入り差し止めと、出島、新地、荷役の場への立ち入り禁止を命じられるに止まった（㈡一〇～一一頁）。「密買」ほどの行為でもないことから、この程度の罰で済んだのだろう。

この事件の前年の一二月二九日夜、藤左衛門なる者の浦五島町にある住まいを唐人・李時富が訪ねてきた。だが藤左衛門は、なぜ自分の所に唐人がやって来たのか理解できなかった。それで町乙名に状況を説明した上で、同じ町内の船番・成田忠蔵に事の次第を届け出た。長崎奉行所への報告は、この成田がしたものと思われる。奉行所の吟味で明らかになったのは、藤左衛門の倅で唐人屋敷出入りの細物商人・幸次郎が人参を李時富から密買したものの、その代銀を払わなかったということだ。それで李時富は、代銀を得るため唐人屋敷の塀を越え、藤左衛門宅を訪れたのだった。

当の幸次郎はすでに一四日に逃亡し、行方知らずとなっていた。藤左衛門は翌年正月九日に入牢となった。今日では被疑者の保護者が拘束されることはないが、四月二八日に許されるまで彼は自由を奪われた。一方の李時富は、正月九日に手鎖の上、船主に預けられ、今後日本への渡海は許さないと伝えられている（㈡一一～一二頁）。

**組織的な犯罪**

これらは個人の取引だが、当然、組織的な犯罪も起きていた。

延享四（一七四七）年五月二日、人参座関係者の四人が捕まった。『長崎実録大成』によると、この人参座は享保一九（一七三四）年、今町におかれたものである。その人参座における当局による吟味筋（会計監査）の際、この四人が申し合わせて人参六斤五合を横領し、売り払った代銀を分けていたことが発覚した。自白によると、四人は三年前から同様のことを続けていたが、自白して銀を上納したことで、役を解かれるだけで済んでいる（二）五六〜五七頁）。今日であれば業務上横領だが、役を解かれるだけで済んだとは、何とも軽い罪のように思われる。

## 票五両は高いのか？

これは正規の輸入品を役人が横流しした事例だが、密輸も多発していた。

享保二〇（一七三五）年一一月頃、今博多町《いまはかたまち》の住人・半右衛門は、唐人屋敷出入りの魚売で金屋町の住人・宇平次に、唐人から票（抜荷のための割符）を手に入れて欲しいと頼んだ。その後、半右衛門は票を本籠町の治平次方で宇平次から受け取った。

票を手に入れたことは取引することのできる唐船が確定したことを意味する。半右衛門はこの時、宇平次に五両を渡している。票を唐人に用意してもらうのにも金を払っていたかもしれないと考えると、宇平次の取り分は決して多くはなかっただろう。しかし宇平次はこの件で五島に流罪となっている。もしかしたら成功報酬などを成功の暁には後で受け取ることになっていたのかも知れないが、なんとも間尺に合わない結末である。

さて、票を手に入れた半右衛門だが、抜買のための彼の資金は一〇二両であった。内訳は、半右衛門とともに抜買を企んだ稲佐船津《いなさふなつ》の与平次が金子五〇両ほど、先に票の受け取り場所を提供した治平次が金子一二両、諏訪町《すわまち》の惣助が金子一〇両、麹屋町《こうじやまち》の平八が二〇両、今博多町の市助が一〇両だった。

これを元手にして、一一月一七日夜、恵美酒町の住人・喜助に船を借り、大黒町の利平次と権次兵衛および上筑後町《かみちくごまち》の儀右衛門の三人を水主として雇い、半右衛門、与平次、治平次、惣助、平八、市助の六人でこの年入港の一四番船に向けて船を出した。だが見回り船に気づいた半右衛門一味は長崎港の入口にある高鉾島《たかほこじま》に逃げた。しかしこの島の磯辺で役人に捕らえられた。

捕らえられた後、半右衛門は、票と銀子は海に捨てたと自白した。だがじつは、高鉾島に逃げた段階で役人に捕らえられることを予想していたようで、票と銀子は石の下に隠していた。だが結局、そのことも自白させられ、与平次、治平次とともに鼻そぎ、「家財闕所」（家財没収）となっている。与平次には抜買の前科があったし、治平次は以前から悪事に携わっているとの風聞があった上に沖買いで頭取同然にふるまっていたことから厳しい罰が科されたのだった。

この他の出資者、すなわち惣助、平八、市助は入墨の上、家財半分闕所、水主を務めた三人は入墨を科されている。喜助は今回の事情を知らずに船を半右衛門に貸しただけだったが、やはり入墨を科されている。人に物を貸すことは、それに関わる責任を負うことでもあるとのことで、彼にも罰が科されたのだった（一三二六〜一三二八頁）。

## オランダ船まで泳いでいったら何貫文？

つぎのような事例もある。

延享三（一七四六）年八月二二日、権八なる者が停泊中のオランダ船の近くを泳いでいて捕まった。権八は長崎の北に位置する山里村平野《ひらの》宿の乙名・長右衛門の倅で吉次郎こと彦兵衛にオランダ船へ泳いでいくように頼まれ、五貫文でこの仕事を請け負ったのだった。だが失敗に終わり、五〇〇文の過料を科せられた。じつは彦兵衛も、同村の宅平次に頼まれて権八を唆《そそのか》したことが調べでわかった。宅平次は行方知らずとなっていたが、彦兵衛は乙名の倅であり法度を理解していたはずにもかかわらず守らなかったのは不届きであるとして、過料一貫文が科された（二五一頁）。また同年九月六日には無宿者の勘平次なる者も同様にして捕まっている。勘平次は市十郎なる者から金子五両を持ってオランダ船に行き、荷物を受け取ってほしいと三貫文で依頼されたのだった（二五三頁）。

権八と勘平次の成功報酬の違いは何だったのだろうか。もしかすると、勘平次が無宿だったからではないだろうか。無宿は取り締まりの対象であり、弱い立場にあった。それで足元を見て金額を安くされたのではないかと思われる。

## 運び屋の仲介で一貫文、運び屋二貫文

大がかりな犯行の場合には、役割によって報酬も異なっていた。元文五（一七四〇）年八月二九日の夜、オランダ船に泳いで近づこうとしている怪しい者が見つかった。一人は儀右衛門、もう一人は長崎湾奥に位置する船津浦《ふなつうら》の平太郎であった。港内を巡視していた森路弥市平が見つけて捕らえようとしたが儀右衛門には逃げられ、平太郎だけが捕らえられた。平太郎は入牢となって取り調べを受けたが、つぎのような自白をした。

上筑後町の住人だった儀右衛門は、この年のオランダ船一番船から櫃を二つ受け取ることになっていた。だが儀右衛門一人では受け取ることができないことから船津浦の市平次に泳げる者を雇いたいと話を持ち掛けたのだった。その市平次が声をかけたのが自分・平太郎で、賃銭二貫文を成功報酬として受け取る手はずになっていた。夜九ツ時（零時）に市平次の家を儀右衛門とともに出て、大黒町の渡場からオランダ船に向けて泳いだ、とのことであった。

平太郎は儀右衛門の行方、また他に仲間はいなかったのかと再三問い詰められた。しか

し、儀右衛門とはこの時はじめて知り合ったのであって彼のことは何も知らない、賃銭も受け取っていないと述べた。

この自白により翌日、市平次を捕らえて調べたところ、儀右衛門から話があったのは二八日の暮れ方で、加勢してくれたら二貫文との誘いであったことが新たにわかった。市平次はいったん話を断った。だが翌日、またしても儀右衛門が訪れ、今度は、だれかを紹介してくれればその者に二貫文、市平次に一貫文を与えるとの提案を受けた。これを承伏して今に至った、というのが市平次の自白であった。儀右衛門と取り交わした書付は手拭いに包んで儀右衛門が持っていったとのことだった。証拠を残さずに姿を消した儀右衛門、初犯ではなさそうな感じである。

結果的に、運び屋の仲介として市平次は儀右衛門に一貫文で雇われることを承知したことになる。この程度の額で抜荷の片棒を担ぐ場合もあったのだ。彼らは成功報酬を受け取っていないことから同年一二月二七日、入墨の上、住居はそのままで構わないとされた。

その後、寛保二（一七四二）年三月四日、行方知らずとなっていた先の儀右衛門が長崎に立ち帰り入牢となった。彼の自白から、新石灰町の孫平次に頼まれて市平次に話を持っていったとの新たな事実が明らかになった（㈠三九九～四〇〇頁）。つまり市平次、平太郎は孫請けであったことになる。とすれば取り分が少ないのも当然だが、これで約四ヵ月の牢生活はかなりの負担であっただろう。その上、入墨を入れられ前科者としてその後の人生を過ごさざるを得なくなったのだから、受け取るはずだった額には見合わないように思える。

「犯科帳」の元文五（一七四〇）年には、四四人の罪人が記されている。年によって事件の数や罪人の数は異なるので、あくまでもこの年はということになるが、一〇人が入墨になっている。近いところで正徳五（一七一五）年の人口が四万一〇〇〇人程度、単純に一〇年で一〇〇人の入墨を入れた者があったとすると、入墨を入れた前科者が違和感なく長崎の市中に存在するような状況になっていたのではないかと思われる。

とは言え、入墨への抵抗がなかったから安い成功報酬で犯罪の片棒を担ぐ、といった単純なことではないだろう。「犯科帳」に記載の事件でもっとも多いのは、圧倒的に抜荷である。むしろ平太郎が担ったような行為の成功率が高く、またなり手も多く存在していたからこそ成功報酬額が低かったと考えるべきではないだろうか。先に抜荷の品が仕入れ値の六倍で転売されたことを紹介したが、多額の利益を得る、もしくは得ようとする者たちのほかに、たとえ薄利であっても利益を得たいと思う貧しい者たちが長崎に数多くいたことの証であるともいえるだろう（㈠三七七〜三七八頁）。

## 密輸品の隠し場所

以上見てきたように、個人レベルから多人数で行う犯罪まで、さまざまな規模の抜荷があった。大規模な抜荷の場合、物を捌く関係者まで予定しておくことから、おのずと広域的な組織となる。もっとも、密輸品を扱う以上、規模に関係なく知恵を使ったさまざまな工夫が随所に見られた。

品物を隠すのにも頭を使う。例えば武井八郎平の場合、隠したのは長崎郊外・田上《たがみ》村の、百姓の糞土の入った穴だった（㈠一二六頁）。このほか面白い事例では、乙名部屋の雪隠《せっちん》の壁の破れに人参が挟んであったと唐人屋敷乙名部屋筆者・伊六が自白した例がある（㈡七頁）。また出島買物使の小使・卯平次なる者は、出島を出るときに金ボタン二〇個を隠しているのを探番に見つかったが、ボタンは出島の塵《ごみ》捨場で拾ったのだと主張した。拾得物は届ける必要があったが届けないまま出島から持ち出そうとしたことが問題だった（㈡九頁）。未遂に終わったが、西築町《にしつきまち》の久兵衛が出島に日雇に行った際、細い蘇木《そぼく》を一二本、後日持ち出すつもりで出島の塵捨場に隠していたが持ち出す前に発見されて捕まった例（㈠三七三頁）もあるので、同じようなことを考えた者たちは他にも多くいたのだろう。

東中町《ひがしなかまち》の日雇・弥平は、享保一六（一七三一）年八月一一日の夜、新地蔵の塀際を泳いでいたところを番人に見つかり捕まった。吟味の結果、一一日に日雇で五番船の荷渡しの作業を行っていた時、地面にこぼれ落ちていた山帰来《さんきらい》という薬を拾い集め、煙草入れに詰めて石垣に差し込んで隠していたことが発覚した。申し渡しでは、この行為は窃盗ではあるが容赦して、住居はそのままで入墨だけに止まった。ただし以後、荷役の場所へ近づくことは禁じられた（㈠二七〇頁）。

享保一〇（一七二五）年九月一二日の夜、出島の塀の外で江戸町の権八が捕まった。権八は同日の昼間に日雇で出島に入っていたが、その際、蘇木二、三斤ほどを拾い、壁際に隠していた。それを出島の外から廻って水道穴から取り出すべく、夜になって来たところを見回りの者に捕まったのだった。この件は江戸に伺われず、入墨を申し付けた上での出牢となっている（㈠二二二頁）。

## 弁当箱の中に白糸

品物を運び出すのにも、さまざまな手段が取られていた。変わったところでは、空いた弁当箱に白糸（絹糸）を隠して持ち出そうとした、宝永六（一七〇九）年四月二三日に入牢となった五左衛門（五六歳）（㈠一三二頁）や、魚桶を二重底にしてそこに銀子を入れて唐人屋敷に持ち込もうとして見つかり正徳元（一七一一）年六月一一日に入牢となった与兵衛、藤八、九郎八の三人の事例がある（㈠一三八頁）。

弁当箱を用いた事例はほかにもある。享保一五（一七三〇）年には附子《ぶし》四包と手紙が弁当箱に隠されているのが見つかった。附子とはトリカブトの塊根で劇薬として知られるが、鎮痛剤としても用いられていた（㈠二五二頁）。

同様の方法で、享保一六（一七三一）年にも事件が起きている。六月二五日、日雇の弁当持で茂木村《もぎむら》の住人・権太郎が新地の門番に捕らえられた。木香《もっこう》という薬一袋を持ち出そうとしていたのである。自供によれば、権太郎は日雇で新地の請荷役として働いていた油屋町の三右衛門に、新地で木香を一袋分拾い集めて持ち出して欲しいと頼まれたとのことであった。権太郎が捕まった理由は、唐人屋敷に持ち込んだ弁当を片付けて持ち出す際、いったん新地蔵を出たあとで、重箱の一つを中で落としたことに気づいたと偽って再び新地蔵に戻り、頼まれていた袋を持ち出そうとしたからだった。重箱が一つ減ってかさが低くなった分、そこに木香を紛れさせて持ち出す算段であった。それが新地の大門で見つかったのだった。

権太郎は白状したこともあって、以後、茂木から長崎市中および近傍地域に赴くことを禁じられるに止まった。三右衛門も出島、唐人屋敷、新地、そのほか荷役がある場所から唐船修理などに至るまで、こうしたところに出向いてはならないと申し渡された上で出牢を許された。

事件に関わった者たちへの罰は以上だが、じつはこの事件では、あと一名の記録が残されている。今石灰町の弁当屋・治兵衛、すなわち権太郎の雇い主である。人別帳の請け人もない者を逗留させ働かせていたのを管理不行き届きとして咎められ、今後、権太郎が長崎市中、在方にいるところが見つかったならば治兵衛の落ち度であるとされている。長崎市中の者であれば町乙名などが保護監督者の役割を果たすべきだが、権太郎が市中ではなく茂木村の者であったので、権太郎の雇用者である弁当屋・治兵衛にこうしたことが命じられたのだろう（㈠二七四〜二七五頁）。

## 密輸品の上前をねらう

さらには、こうした者の上前をねらう狡猾な者もいた。宝永五（一七〇八）年二月六日、大坂で駕籠舁《かごかき》（駕籠をかつぐ人足）と口論になり手に傷を負わせて捕らえられた新助は、長崎の榎津町出身であることがわかった。吟味したところ、長崎で抜荷の取り締まりが強化されたので逃亡してきたと述べた。また抜荷に関与したことも供述したので、抜荷を行っている可能性があるとして大坂から長崎に送られた。取り調べの結果、新助はたしかに幸助なる者に抜荷を頼まれたが、実際にはやっていないことが明らかとなった。

ただしこの新助、五島沖で抜荷した者から端物などの抜荷物をかすめ取ったり、抜荷船を襲って銀子などを得たりしていたことも同時に明らかになった。新助に抜荷を見つかった者は、取り分は少なくなっても奉行所に訴え出られて死罪になるよりはましと、言われるがまま要求に応えていたのだろう。新助は抜荷はやっていなかったにもかかわらず死罪に処せられた(㈠一二九〜一三〇頁)。

元文四(一七三九)年には、オランダ船との秘密の取引があることを耳にした源次郎と岩助が、大黒町の波戸場を徘徊していて捕まるという事件も起きている(㈠三七二〜三七三頁)。この件から、新助と同様に抜荷の上前をはねようとしていた者が長崎には多くいたこと、また捕らえる方もそれなりにこうしたことが起こるのを想定していたことが窺える。

## 探番に見逃してもらう

役人に銭を渡し、唐人屋敷の出入りでの所持品確認を見逃してもらうこともよくあった。

平戸町の住人・与兵衛は唐人屋敷で伊万里の焼物を商っていたが、享保一四(一七二九)年五月、五番船に乗って長崎にやって来た唐人の江基弟から小人参四九斤(約二九キログラム)を受け取った。そして丸屋善次郎なる者と相談して唐人屋敷大門の探番・安内に銭を渡して見逃してもらい、その小人参を少量ずつ外に持ち出していた。そのようにして夏までにあと二包持ち出すところまでにきていたが、取り締まりが厳しくなり、発覚を恐れてみずから田辺屋清九郎と穎川七兵衛（以上二名の立場は不明）に自首した。

入牢となった与兵衛は、自宅に小人参を一二包、隠し持っていることなどを白状した。残りは善次郎が上方に送り、売り払った代銀二貫目が与兵衛に渡されたとのことであった。これにより奉行所は与兵衛から人参を取り上げ、家財を半分召し上げ、唐人屋敷への出入り禁止として出牢を許した。一方の善次郎は江基弟とは接点がなく、また罪を白状したことも考慮され、家財半分取り上げでの出牢を許された。また小人参を提供した江基弟は小人参を売って得た銀子は取り上げ、再度日本への渡航を禁じる「日本国禁」とされた。

この抜荷が成立するためのキーパーソンは、探番でありながら銭を受け取って見逃していた安内であった。彼にはさぞかし厳しい処分が下されたかと思いきや、「言語道断不届至極」とされながら、役の取り上げ、今後の唐人屋敷への出入りの禁止、そして過料五〇〇文という軽い罰で済まされている（㈠二四七頁）。今日で言えば役人の収賄事件だが、先の会所での不正同様、現在から考えるとその処罰はきわめて軽いものだった。

## 穴だらけの警備？

先述したように、荷役などにおいて地役人が抜荷を行ったり、抜荷の片棒を担いだりするケースは数知れなかった。しかし、番所のチェック機能がまったく果たされていなかったというわけでもなかった。

例えば唐人屋敷乙名部屋で日雇の仕事をしていた利平次は、唐人屋敷を出る際に木香七包で計四斤（二・四キログラム）、菓子を一包、花毛氈《はなもうせん》一枚を持ち出そうとして見つかった。これらは午《うま》（元文三〈一七三八〉年）一番船部屋附・万次郎、未《ひつじ》（元文四〈一七三九〉年）五番船部屋附・金左衛門、同九番船部屋附・嘉平次から持ち出しを頼まれたもので、唐人が求める野菜、魚、そして鬢付油《びんつけあぶら》と交換される手はずになっていた。そのうち木香七包は、本籠町の武左衛門によって野菜・魚と交換される手はずになっていた。花毛氈は、利平次が午四番船の唐人に日頃、菓子、たばこなどを渡していたことから、その代金代わりに受け取ったものであった（㈠三六九頁）。

また出島番所で発覚した、以下のような事例もある。元文四（一七三九）年九月八日、本《ほん》興善町《こうぜんまち》の住人・次助は、出島の新番所で古金小粒一三両を所持していたことが怪しまれて吟味の対象となった。次助は以前から出島で大工として働いていた。当初、この古金については、借金を抱えており、その返済のため、磨屋町の弥惣次に借り受けたと述べていた。だが、ごまかす口ぶりが怪しまれて入牢を申し付けられた。その後、次助は自訴に及び、すべては弥惣次に頼まれたことで、金子を出島内の見世棚《みせだな》（陳列棚）まで持ち込めば、文銀（元文丁銀）一四〇～一五〇匁をもらう約束であったことが明らかとなった。

次助の自訴により弥惣次も奉行所に呼び出されて吟味を受けた。だがこちらもごまかす口ぶりであったので入牢を申し付けられた。効果は覿面《てきめん》、弥惣次も自訴した。

弥惣次は、オランダ人に売るために、出島に蒔絵《まきえ》や伊万里焼物などを扱う見世棚を小屋掛けで出していた。九月二日、出島の自身の小屋掛けに出向いたとき、オランダ人の大工「ゐゝろん」から部屋に誘われ、鼈甲櫛形八〇枚を一三両で買い取る話をまとめ、その購入代金の出島への持ち入れを次助に頼んだのだった。番所の役人の立場からすれば、オランダ人との不法な取引を水際で防いだことになる。

弥惣次は自訴したことから罰を軽減され入墨に止まったが、商売のみならず、出島・唐人屋敷への出入りを禁じられた。また次助も自訴により罰は軽減されたが、出島・オランダ屋敷への出入りは禁じられている（㈠三六八頁）。

これらの事例はたしかに番所が機能していた証明となる。だが、その一方では恒常的に唐人屋敷や出島と長崎市中の間での物品の交換が見られていたことを裏づけている。

## 相手あっての取引

享保七（一七二二）年九月のこと、次郎左衛門なる者が恵美酒町の勘左衛門から唐人の票を受け取った。次郎左衛門は代物を受け取るつもりでその票を持って港内に停泊中の唐船に泳いでいった。だが唐人に票を引き裂かれ、空手で戻ってきたと自ら奉行所に訴え出た。この自訴により、次郎左衛門には過料一貫文が科せられた。

似たようなものとして、同年のつぎのような事例もある。源八なる者は、以前から抜荷に従事し、各地を流浪していたが、前年の春、これまでの諸悪を自訴して罪を許されていた。しかし本年の九月になって再び悪心を抱き、港内の唐船に乗り付けて抜買しようと仲間に持ちかけた。だが唐人が話に乗ってこなかった。この件も、またしても源八は自訴した。しかし再犯であったこともあって自訴は認められず、鼻そぎの刑とされた(㈠一八六頁)。

身体刑である鼻そぎも厳しい刑のように思うが、そもそも抜荷は大罪で極刑に処されていたものである。徳川吉宗によって抜荷刑が、追放、鼻そぎ、闕所等の寛刑へと緩和されたのは、享保三(一七一八)年のことである(服藤弘司「『抜荷』罪雑考」)。

治平次(二八歳)は、享保一〇(一七二五)年正月晦日夜、小舟で唐船の四番船に乗り付け抜買を持ちかけた。だが唐人は相手にせず、逆に治平次を捕らえようと大勢で取り囲んだ。治平次は衣類を脱ぎ捨て海に飛び込み逃亡した。なぜ四番船をめざしたのかは不明だが、相手あっての抜荷、相手が同意しなければこうした顚末となるのはむしろ当然のことだろう。

翌朝、四番船の船頭が年番通詞を通じて奉行所にこの件を届け出た。治平次が船に脱ぎ捨てていった衣類などを吟味したところ、持ち主が判明して捕らえられた。刑については江戸に伺いが送られ、薩摩への遠島が命じられている。この治平次は寛延二（一七四九）年に病死したことが、配所先の島津家からの奉行所への連絡でわかっている（㈠二一七〜二一八頁）。

## 抜買に一役かって甘い汁を

享保一八（一七三三）年六月二七日、唐人屋敷の二之門の探番・嘉助が入牢となった。嘉助は前年の三番船で長崎に来た唐人・九官から東古川町の住人・源七への抜買のための票を取り次いでいた。源七は弟・藤七と申し合わせ、この年の一六番船に、その入港前に藤七が沖で乗り込んで、人参そのほかの薬種を受け取った。そしてこれらを売り払った代金のうちから四〇〇両を嘉助が受け取って唐人屋敷に持ち入り、唐人に渡したのだった（㈠二九九頁）。

六月一六日、抜買した荷物や薬種の件が明るみに出て捜査がはじまった。この事件に関わった者として、「犯科帳」には四五人が記されているが、それでもすべてではないという大事件であった。

嘉助は、いつかは確認できないが、逃亡していたようである。逃亡の手助けをしたのは抜荷物を受け取り諸方に売りつけていた桶屋町《おけやまち》の伊助なる者だった。伊助は西中町の吉右衛門のところに藤七とともに嘉助を三日間、隠れさせていた。その後は平戸、そしてそこから上方へと逃れさせる手はずになっていたようである。吉右衛門の名での記載は「犯科帳」には見えないが、伊助に関する記述のところに吉右衛門が自訴したと記されているので、それで許されたのかもしれない。伊助は六月一九日に入牢、嘉助は同二七日に入牢となっているので、捜索に少し時間がかかっていたことがわかる。

奉行所は源七について、「抜買一件御定書」をふまえた罰を江戸に伺った。その結果、鼻そぎ、家財半分取り上げの刑が江戸から示された。伊助は入墨の上、家財半分の取り上げ、嘉助は探番で、いわば公的な立場にありながら抜買に携わり、禁止されている金子を唐人屋敷に持ち入って唐人に渡した廉により、長崎から江戸に遠島が提案された。江戸からの下知は薩摩への流罪であった。

伊助に匿われていた源七の弟・藤七は、いったんは逃亡に成功したようである。だが享保一九（一七三四）年一〇月一〇日、長崎に立ち帰って自訴した。長崎奉行は、自訴まで時間が経っていることから罪を許さず、兄・源七と同罪として同様に鼻そぎ、家財半分の取り上げを江戸に提案した。だが江戸の判断は鼻をそぐには及ばず、その代わり、家財の方はすべて取り上げるとのことであった。自訴による罰の軽減という幕府の方針はひとまずは、ここでも貫かれたことになる（㈠二九九～三〇二頁、三二六頁）。

ただ、自訴するにも早い遅いがあったようである。同事件で藤七に銀子四〇目で水主として雇われ、逃亡していた太蔵の場合、元文元（一七三六）年一二月二七日に長崎に立ち帰って奉行所に自訴したが、三年も過ぎたのは不届きであるとして、入墨のうえ所払となっている（㈠三四七頁）。時機を逸すればこうなるのである。

嘉助の場合、おそらく探番の立場を使って同様のことにこれまでも携わっていたのだろう。「犯科帳」には嘉助の妾《めかけ》、本古川町《もとふるかわまち》の「ちを」の名前も記されている。単なる探番でありながら妾を抱えていたことが、それを裏づけているのではないだろうか（㈠三〇二頁）。

だが嘉助だけが探番として甘い汁を吸っていたのかというと、どうやらそうでもなさそうだ。翌（一七三四）年正月一三日に入牢となった善六もまた唐人屋敷の二之門の探番であった。善六は享保一七（一七三二）年の三六番船の唐人・四官と抜買を申し合わせて票を受け取っていた。そして翌年、東古川町の七右衛門、本古川町の清助と相談し、一二月一八日の夜、七右衛門が票を持参してこの年の二六番船から人参や朱墨の原料である辰砂《しんしゃ》、さらには硝煙、毛氈などを受け取って清助に渡した。七右衛門はこの件で「骨折料」として銀六二〇目を手に入れている。

偽人参・偽薬種

さて善六だが、この時にも唐人から票を数通受け取っており、のちに入港する予定の唐船と抜買するつもりであったことが取り調べのなかで明らかになった。善六は魔が差してこの時初めて抜荷を行ったわけではなく常習犯だったのだろう。江戸の判断はさすがに死罪。享保一九（一七三四）年八月二日、善六は牢内において刎首となった。

ところでこの善六だが、享保一七（一七三二）年一〇月に病のために番職を弟の平次郎に譲っていた。平次郎もまた善六に従い、唐人から善六に渡された票と人参などを持ち出していたことが明らかになった。票の取り次ぎ、御法度の品の持ち出しなど唐人との内通の廉により、江戸の判断は遠島、平次郎は壱岐に流された。抜荷の品を受け取った清助も鼻そぎ、家財闕所となっている。

「骨折料」を受けとった七右衛門に関しては記述がない。この七右衛門も以前、抜買に関わって許されたことがあった。今回は二度目であるし、明らかに抜買に直接関わっている。したがって長崎奉行所もそのことは把握していたに違いないので、捜査しなかったはずはないだろう。おそらく捕らえることができなかったから記録されていないのではないかと思われる（㈠三〇三頁）。

ここまで読んでこられた読者は人参の密輸が多いことに気づかれただろう。当時、日本は薬を海外から輸入していたが、非常に高価だったので、買い占めや偽薬の販売をする者が後を絶たなかったのである。

この件では寛文六（一六六六）年、江戸において触が出されると同時に京、大坂、堺、そして長崎に伝えられた。長崎には老中から長崎奉行（松平隆見《まつだいらたかみ》・河野通成《こうのみちなり》）へ、そして長崎奉行から、長崎代官・末次平蔵、長崎町年寄・高木作右衛門《たかぎさくえもん》、同・高島四郎兵衛《たかしましろべえ》、同・高《たか》木彦右衛門《ぎひこえもん》、常行司（外町の役で、元禄一二〈一六九九〉年に町年寄になる）二人に河野通成の屋敷で命じられた。同一一年には、桜町の札場に制札が立てられている（「長崎御役所留上」）。

長崎では、偽人参販売の嫌疑がかけられた孫平次の事例、偽薬種を拵《こしら》えたと疑われた正木平次右衛門の事例がある。後者の場合、オランダ痰切《たんきり》とザボンの薬方を知っていたのでそれを調合して近国に販売していたのだった。その上包みにご禁制のオランダ文字を使用していたこともあり、奉行所は平次右衛門を注意している（㈠三三七頁）。

また同じ時期に偽人参を拵えた容疑で長崎桜町の助四郎が死罪に処されている。人参と偽って桔梗《ききょう》の根を売りさばいていたのである（㈠三三九〜三四〇頁）。桔梗の根も薬として用いられるものだが、こちらは咳や喉の腫れといった呼吸器疾患に使用されるもので、人参のように高価ではなかった。桔梗を人参に見えるように偽造していたのかもしれない。

## 4 「罪と罰」さまざま

### 厳罰鼻そぎ？

長崎から港を挟んでの対岸に当たる稲佐郷瀬脇《せわき》の住人・善三郎は、隣村の者と口論して庄屋に押し込められていた。ところが七月五日の夜、善三郎を見かけなくなったので庄屋と組頭が捜索していると、瀬脇の沖の方を泳いでいる人影が見つかった。船を出してみると、その人影は毛氈包を持って泳いでいる善三郎であった。即刻、捕らえて毛氈包を確認したところ、中身は大人参、小人参、似伽羅《にきゃら》だった。

善三郎を問いただすと唐船に泳いでいったと話したので、庄屋は奉行所に善三郎を差し出した。奉行所で事実を確認したところ、同夜、甚吉と恵美酒町の治平次なる者が善三郎の所を訪れ、今夜、唐船に泳いでいってくれるように頼んできたとのことであった。

じつは長崎麴屋町の者で、唐人屋敷で杖突を務めていた利三太が、享保一九（一七三四）年二七番船の唐人・七官から抜買に使用する票を受け取っていた。この利三太が治平次に話を持ちかけたところから、ことは始まっていたのである。

成功すれば売り払いの利益を山分けしようという魂胆であった。この話を受けた治平次が甚吉と善三郎を誘い、甚吉、治平次、善三郎の三人、そして船津浦の太平と大黒町の伝次兵衛を水主にして、五人で小船に乗って唐船をめざすこととなった。

甚吉、善三郎の二人が唐船に泳ぎ着くと、甚吉が唐船に乗りこみ、善三郎は船の下で下ろされた荷物を引き取るという役割分担がなされた。しばらくの後、首尾よく毛氈包一つが下ろされてきた。それを受け取り善三郎が船に戻ろうとしたところ、小船が見当たらなくなっていた。それで岸をめざして泳いでいたところを庄屋と組頭に見つかったのだった。

この事件では、まず唐人の七官から票を受け取り治平次と申し合わせて抜買を企てた利三太と、以前から不行跡であった上、庄屋から押し込めを受けていたにもかかわらず、役人の戒めを守らず悪事をした善三郎に、不届きであるとして薩摩への遠島が命じられた。治平次は抜買を企てたことが問われ、鼻そぎ、家財取り上げとなった。船を出した二人は入墨（㈠三二三〜三二四頁）。現代では遠島よりも鼻そぎの方が厳罰のように思えるが、当時は違っていたのである。甚吉の名前はない。捕らえられず逃れおおせたのかもしれない。

### 自訴で御免

自訴すれば抜荷の刑罰を軽減するとした吉宗政権は、捕まった後でも白状すれば助命していた。例えば、享保六（一七二一）年四月二日に入牢した長兵衛は、前年の冬、佐賀領の別府《べふ》（現・佐賀県多久《たく》市）に抜買荷物を持ち込んで捕まった。長崎に送り尋問したところ、たびたび沖合で密かに唐船から品物を買っていたことを白状した。だが江戸の判断により家財過半取り上げと入墨だけで済んでいる（㊀一七三～一七四頁）。

再犯の場合も同様であった。享保七（一七二二）年の久兵衛の場合、以前抜荷に関わった廉で大坂において鼻そぎとなり、追放になっていた。久兵衛は肥前佐賀の馬指《うまさし》（宿場町で荷物を人馬に振り分ける仕事）だったが再犯したとの噂があったので前年の一〇月二七日夜、本石灰町で捕らえられた。久兵衛にとってこの事態は最悪だったようで、長崎奉行所へ自訴するために土屋安右衛門（奉行所の役人かと思われる）のところにやってきたという。土屋も久兵衛の意思を知っていて、久兵衛が自分のところに来たことを即刻、町乙名に報告した。奉行所は久兵衛と土屋の口述を江戸に伝えたところ、自訴しようとする意思があったから長崎へ来たのであって許すとし、生所の佐賀へ帰すようにとの判断を下した（㊀一八〇頁）。

もっとも、自訴で許されるようになったとはいっても、そう何度も許されたわけではなかった。享保八（一七二四）年、船津村の善次郎が抜荷を企てた。善次郎は唐人屋敷で野菜を売っていた七郎右衛門なる者から元字金《げんじきん》（元禄八年から一〇年にかけて鋳造された金貨の総称）と票を受け取ると、同村の仁助、市三郎を雇い、一二月一三日の夜、長崎港内に碇泊中の唐船の所まで泳いでいかせて人参を買い取らせようと企てた。だが、仁助が見廻りの船に捕らえられたので善次郎も自訴したのだった。じつはこの善治郎、享保六（一七二一）年閏七月にも唐船に泳いで人参を買い取っていた。この時は白状したことで入墨だけで済んでいる。同七年七月にも同じように唐船に泳いでいって人参、麝香を買い、またしても詮議において自白して、入墨の上、家財三分の一召し上げの処分を受けた。これに加えてまたしてもとのことで、さすがに仏の顔も三度まで、江戸の判断は牢屋での死罪であった（㈠一九〇～一九一頁）。

### 逐電する者

享保一八（一七三三）年三月一〇日の夜、大黒町の勘五平、繁蔵、吉右衛門、長左衛門と下筑後町の七右衛門は吉右衛門の船に乗ってこの年の三番船に近づき蠟燭を抜買した。考案したのは繁蔵で、資金は繁蔵と吉右衛門が用意した。唐船へ向けて船を出すまでは西中町の僧・元智の庵で段取りを相談し、そこまでは大黒町の八右衛門も行動をともにしていた。

抜買は成功。蠟燭は元智の庵に運ばれた。そこで籤《くじ》で荷物を分け、それぞれが自分の取り分を持ち出した。記録上、三月一三日に勘五平と八右衛門が入牢になっているので、この時までに抜買が発覚したのだろう。しかし、繁蔵、吉右衛門、長左衛門は逐電して身柄が拘束できていないので、何が発端で事件が明るみに出たのかはわからない。

その後、元智が一五日に町預となり（元智方にいて、分け前をもらった念斎も同様）、翌日、八右衛門の口利きで七右衛門から蠟燭を手に入れた西中町の庄助が町預となった。さすがに抜買の蠟燭であることからすぐ手放したようで、蠟燭は彼の手から恵美酒町の喜平次と西中町の新左衛門に渡っていた。この両者は同年五月一一日、この件の詮議中は遠方に行かないよう命じられている。

八右衛門は抜買には関わらなかったが蠟燭販売の口利きをしたことで、家財半分を取り上げられた。実際に抜買を行った者の内、繁蔵、吉右衛門、長左衛門の三人は身柄を確保できなかったが、家財はすべて取り上げとなった。捕まった勘五平と七右衛門は入墨の上、家財半分を取り上げられた。罪人の身柄確保の有無が刑の軽重の際に考慮されたことになる（㈠二九五～二九八頁）。なお、吉右衛門は同年一二月一一日に長崎に立ち帰り即日入牢となった。だが逃亡したにもかかわらず、入墨だけで済んでいる（㈠三〇二頁）。

長左衛門は享保二〇（一七三五）年、弟の新八のところに戻っていたことが奉行所に知られ、一一月二二日、入牢、翌年六月七日、非人手下（平人から非人へ身分を切り替えられる）

に送られた（㈠三二八頁）。同じ罪を犯しても、自訴した者としていない者ではその後の人生が大きく異なったのだった。

逐電し身柄の確保ができなかった長左衛門の蠟燭を西上町《にしうわまち》の惣兵衛を介して東古川町の七右衛門に売り渡した浦五島町の伝左衛門と船津町の権太郎も過料（刑罰ではない）として五〇〇文を徴収されている。取り次いだ惣兵衛は一貫文だから、それに比べると安いが、商品の出所を知らずに取引するリスクはかなり大きかったことになる。東古川町の七右衛門は「又々買」との理由でお咎めなしとなっている（㈠二九七～二九八頁）。

ところで同夜には、もう一件、抜買が起きていた。恵美酒町の七兵衛と新五郎が、近傍の淵村の住人・九郎兵衛を水主として雇い、抜買を行ったのである。九郎兵衛はこの礼として受け取った紅縮緬《べにちりめん》五巻、鼈甲櫛形二枚を取り上げられた上、入墨を命じられている。七兵衛と新五郎は逐電し、身柄確保はできなかった（㈠二九八～二九九頁）。ただ七兵衛は、寛保二（一七四二）年一二月二六日、長崎に立ち帰ったと恵美酒町の乙名・伊東源五右衛門が長崎奉行所に申し出て所預となっている。この時は老衰で悪事を働くことは今後できないとの判断により許されている（㈡三～四頁）。

「老衰」の程度は知りようがないが、たとえ犯罪者であっても罰を受けられないほどの社会的弱者と為政者が認めた場合には許される場合があったことをこの事例から知ることができる。

## 荷物を預かることのリスク

だが何も知らずに事件に巻き込まれて罰を受けることもあった。宝永六（一七〇九）年長崎半島の突端、野母浦《のもうら》（現・長崎市野母町）の猟師・久四郎（四〇歳）は、礼金を払うので少しの間、唐荷物三箇を預かって欲しいと知らない者から頼まれ、雪隠に一箇、家内に二箇を隠し持っていた。これを罪に問われて久四郎は五島に流刑となった。

享保九（一七二四）年に徳川家重《とくがわいえしげ》の元服で恩赦となり野母浦に戻っているので、流刑生活はなんと一五年にも及んだことになる。流刑生活ではそうとうな苦労があっただろう。現在も海外で預かった物が違法物で刑に処される日本人観光客がいるようだが、簡単に人の物を預かってはいけないのは、いつの時代も同じである（㊀一三三頁）。

正規の飛脚《ひきゃく》宿ではないにもかかわらず、飛脚に宿を貸して事件に巻き込まれた者もいた。享保一七（一七三二）年、西古川町の住人・喜六である。喜六は昨年来、大坂からの飛脚に三度、宿を貸した。飛脚を使ったのは京の商人・二文字屋喜兵衛。唐、オランダの商品を運んでいたようだが、オランダと取引された亀甲二駄が問題とされた。これらには本来、手続きとして必要な宿老たちの手板《ていた》（送り荷主から荷受問屋または荷受人宛に送る積荷目

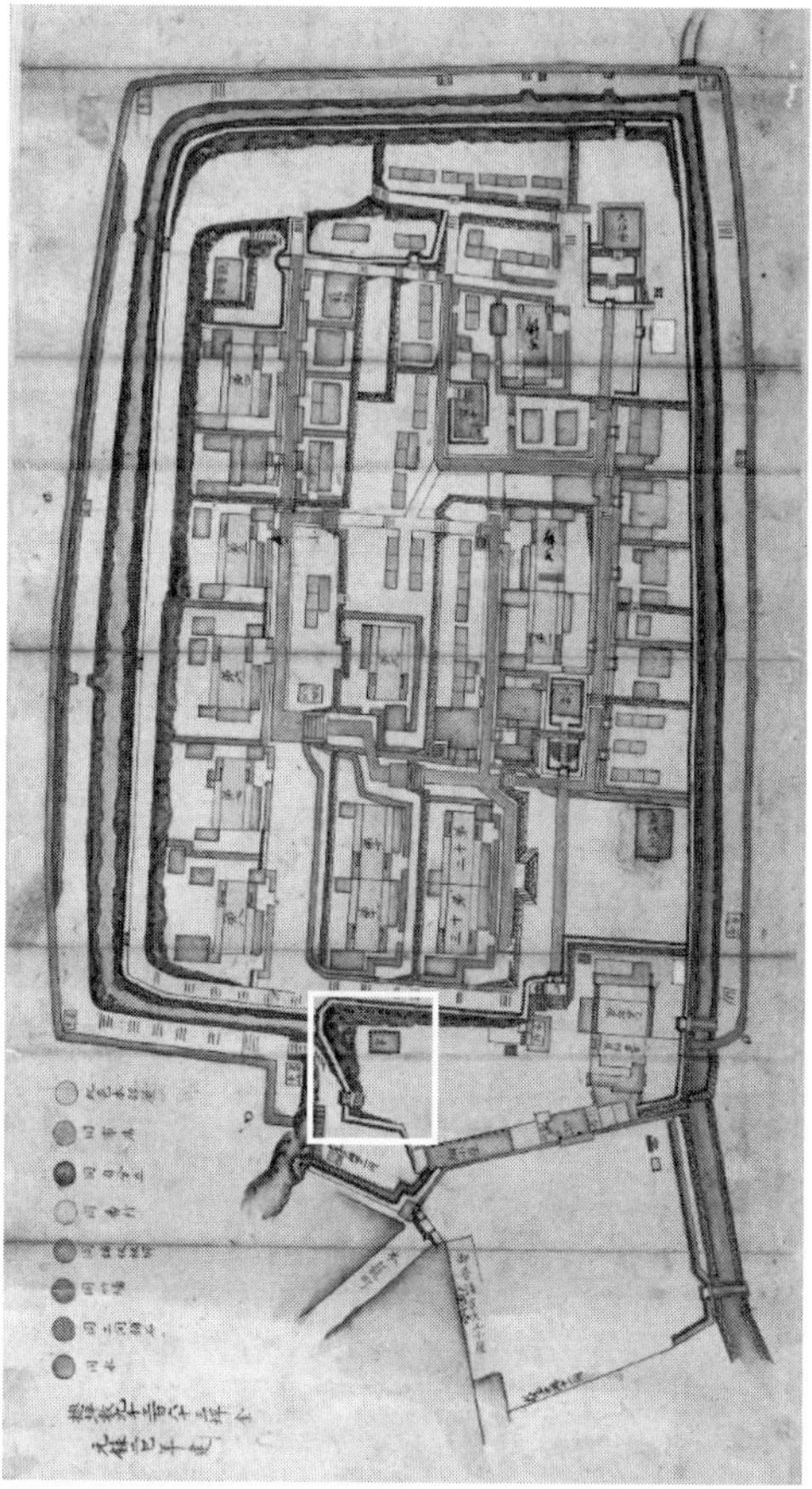

**「長崎諸御役場絵図　第１巻　唐人屋敷」（長崎歴史文化博物館収蔵。白枠は筆者による）**

**牢（前頁の図の白枠内を右回転して拡大）**

録）がつけられていなかったからである。この宿老とは、長崎・京・堺の三都市ごとにグループ化した糸割符《いとわっぷ》仲間《なかま》の統括を担う者である。喜兵衛は、正規の商品に紛れ込ませて大坂に盗品を運ぶために、正規の飛脚宿を用いずに喜六の宿を使ったのだった。

この捜査は長崎奉行所では行われなかったのか、喜兵衛への刑は「犯科帳」には記されていない。いっぽう喜六はこのことは知らなかったと述べている。そのため、まず所預とされ、その後同年一二月二二日に過料一〇貫文が科された。

### 疑われてしまうと

延享元（一七四四）年七月五日朝、唐人屋敷の辻番下使・新吉は芥場《ごもくば》（ごみすて場）に薪拾いに行く際、牢屋の格子に莚包《むしろづつみ》が結いつけてあるのを見つけた。少し開けてみると、中には端物などが入っていて不審に思ったのでそのままにしておいた。翌朝もそのままであったので、その晩に莚包を下ろした。莚を外すと風呂敷包みになっていたのでそれを乙名部屋へ持ち込み届けようと思っていたが、その前に唐人屋敷前で見咎められたとのことであった。

奉行所はこの口述を信用せずに再吟味したが、返答は同じだったので出牢を許した。証拠不十分といったところだろうが、役は解かれ、所持していた物は取り上げられ、以後、唐人屋敷はもとより、出島、新地、荷役場へは一切立ち入ってはならないと命じられている。行為を疑われれば、清廉潔白が証明されない限り、何らかの制裁を受けざるを得なかったことをこの事例は示している（㈡二三頁）。

**売った人より買った人**

享保一九（一七三四）年三月、長崎の隣・西山《にしやま》村の金左衛門は、新地蔵元で日雇として働いていた折、矢来門《やらいもん》の外で渋紙包一つを拾って持ち帰り、開けてみると中には人参が入っていた。その場で役人に届ければよかったのだが魔が差したのか、金左衛門は近くの南馬《みなみうま》町《まち》に住む市郎兵衛に頼んでこの人参を売ってもらい、代銀三〇〇目を受け取った。この事件がなぜ明らかになったのかは不明だが、拾った際に役人へ届けず持ち帰り売り払ったことが不届きとして、売り払いの代銀三〇〇目は取り上げられた。

市郎兵衛が金左衛門に銀三〇〇目を支払って得た人参は八二匁（約三〇〇グラム）であっ

た。市郎兵衛は東浜町《ひがしはまのまち》の市平次にこれを七二匁で売った。残りの一〇匁は自分の懐に入れたのか、それとも別に売ったのかはわからないが、過料六貫文となっている。金左衛門の二倍以上である。だが、市郎兵衛から人参を買った市平次にはそれよりも多い一〇貫文が科されている。出所が確かでない品の流通には厳しく対処するのが奉行所の方針であったことがわかる（㈠二二五頁）。

**とんだ濡れ衣**

享保一九（一七三四）年、当年の二一番船の荷物を収めていた蔵にあった小人参が紛失し、それを捜査中のこと、逃亡者ながら長崎に立ち帰っていた本籠町の甚吉がこれを知っているとの投文が奉行所付・吉村農右衛門方にあった。そのため甚吉を捕らえて吟味したが、この件は知らないとのことだった。

しかし、甚吉が隠れて居候していた借家を捜査したところ、唐人の書物が発見された。この書物について問いただしたところ、七月二三日、福済寺の船神祭で一番船の唐人・仙官に会い、その際に手に入れたと述べた。

仙官は乗っていた一番船で人参を酒壺二つに入れていた。だが唐米降《とうまいお》ろし（唐船が積み荷とした米の荷下ろし）の際、確認したところなくなっていた。甚吉は、その行方を長崎市中で捜して欲しいと仙官に頼まれたのだった。この人参の捜索のお礼として仙官から書物を受け取ったと答えた。そして人参は大黒町の弥三右衛門、久平次が盗み取ったとも話した。

さっそく奉行所は二人を捕らえたが、彼らは何も知らないという。甚吉と二人を対決させても証拠になるようなものは何も出ず、また家財などを調べても何も見つからなかったので二人は許された。

とんだ濡れ衣を着せられそうになった者は、この二人以外にも二人いた。同じく大黒町の住人・甚兵衛と権十郎である。甚吉は、この二人が先の弥三右衛門と久平次が盗み取った人参をさらに盗み取ったことを知っていると自供したのである。この二人も詮議されたが怪しいところはなく、一時、所預となったが許されている。

甚吉が上記のような虚偽の自白をした理由は不明だが、拷問を受けた際、逃亡に至った二年前の抜荷未遂事件を白状し、入墨の上、所払となっている(㈠三一三〜三一五頁)。

# 第五章　「隔離」された人びと

江戸時代には現在とは異なり、一般の生活空間からは区別された、あるいは一般の人びとの立ち入りが禁じられていた異質な空間が権力によって設けられていた。長崎の場合には、隔離された居住空間として、「遊郭」「出島・唐人屋敷」が存在した。これらは設けられた時期が異なり、「遊郭」が慶長一〇・一一年頃、「出島」が寛永一三（一六三六）年築造、そして「唐人屋敷」が元禄元（一六八八）年に整備に着手して翌年に完成をみている。

このほか「非人原」（非人の部落）があったが、いつから存在したかは不明である。非人といっても特定の地域に押し込められていたのではなく、市中でさまざまな役割を担わされていたが、町人などとの間には、やはり厳密な身分上での差別があり、日常生活のさまざまな面での制約を受けていた。

そして、つねに統治者の頭を悩ませ続けていた「無宿」の存在も、疎外された人々として、隔離された人びとに準じて理解することも可能だろう。

とは言え隔離されたからといって同じ都市空間に存在している以上、人の行き来が完全に規制できるはずもなく、さまざまな問題が発生していた。

まずはつねに長崎奉行の懸念事項であった「無宿」の問題から見てゆこう。

## 1　無宿

### 「長崎宿なし片付け」

長崎奉行・大岡清相にとって「宿なし」はなんとしても片付けたい存在であった。なぜか。その答えも大岡から江戸に送られた「伺い」から窺い知ることができる。長崎生まれの宿なしは、長崎においては無縁者であり、唐人と接触を試みる不届き者も多く、つねに密貿易にたずさわる懸念がある。とは言え仮に長崎を追放したとしても、西国、中国、大坂、堺などに行ってまた密貿易の手引きなどをしかねない。したがって、これまでのような追放は悪手である、というのがこの「伺い」で披瀝《ひれき》された大岡の考えであった。

そこで大岡の提案は、他領から長崎に来た無宿者に対しては、本国に送り返し、領内から出さないように命じるよう該当地の支配者に伝える。いっぽう長崎生まれの無宿者の場合には、罪を犯し、その罪科が死罪に至らず流罪に相当する者を五島または壱岐に流罪に処するとのことだった。また、同じ五島でも、罪の軽重によって送る先を区別すべきではとの意見を持っていた。

これに対する老中の判断は全員五島でよいとのことであった。また、九州、四国、中国地方で船乗りだった者が罪を犯した場合で、死罪には当たらず、かといって本国へ帰すことも許さない場合にも流罪とするが、五島は唐船の航路上に当たるので、流罪地でも彼らが漁船など盗んで唐船に接触を図り違法行為をしかねない。したがってそういう者たちは壱岐に流すようにと命じている。

以上から明らかなように、奉行所が「宿なし」の「片付け」、つまり排除を画策したのは密貿易への警戒からであった。この点からも長崎奉行所がつねに宿なしの存在を警戒していたことがわかる（「長崎宿なし片付の儀書付案写」『通航一覧　四』七五〜七六頁）。

## 無宿人の把握

そのため、長崎を訪れる者には宿を取るときにその町の乙名に届けを出すことが義務づけられ、正月に滞在していれば踏絵《ふみえ》を踏まされていた。長崎を訪れる者には単なる旅人もいれば、就労目的の者もいたが、立場や目的によって許される滞在期間が異なった。

奉公を目的として長崎近郊から来る者には、長崎に縁者がいる者も多かった。そもそも、こうした存在がなければ長崎の街が成り立たない構造になっていた。そのため近郊から長崎に働きに来る者は、出身地ごとでその人物を請け負う長崎の町が決められており、その定められた町の「請け人」が責任を持って引き受けて管理する仕組みが作られていた。例えば島原出身者は後興善町《うしろこうぜんまち》、大村出身者は銅座跡か今紺屋町《いまこうやまち》にまず赴き、その町の請け人に届けなければならなかった。長崎代官支配地である天草郡、八代郡（以上、現在の熊本県の一部）、怡土郡《いと》（現在の福岡県の一部）出身者の場合、請け人は勝山町《かつやままち》であった。

その他の地域から来た者については、文化一三（一八一六）年に命じられた内容を見てみると、出家・社人（僧侶・神職）ならびに宿老や銀座（京都銀座より二人が詰めて、偽銀を改めるなどしていた）、そのほかの役人には期限はなかったが、奉公や日雇稼ぎ目的の場合には五年、諸芸能の稽古のためであれば一二ヵ月、他にも芝居者は三〇日、伎芸・物貰い・薬売りは二〇日と滞在期間が決められていた（『長崎代官所関係史料　金井八郎翁備考録一』二五八頁）。もっとも、守られないことも多かった。それでこうしたことが確認されたのだろうと思われる。

「従文政五年九月至同六未九月　欠落者　同立帰　紛失物　捨子　届留帳」なる史料を見ると、年不詳だが、この年だけで旅人三三八名（男二六七、女七一）の記録が残っている。それを見ると、旅人引き請け人が旅人の宗旨、生所、名、年齢を町乙名に届け、それが奉行所に報告されることになっていたことがわかる。

無論、ここに記されているのはもっぱら往来手形の確認がなされた者であり、往来手形を持っていなければ無宿（ここで言う「無宿」は先ほどの長崎における「宿なし」「無宿」とは異なって、平人身分で人別帳から除籍された者のことである）となる。そうした無宿は穢多目明《えためあか》し（牢守支配下で公的捜査を補う手先としての役割を担った）に捕らえられて牢守・江間弥一左《えまやいちざ》衛門《えもん》に引き渡され、江間から地元の附人《つけびと》（諸藩が長崎に派遣した家臣。「聞役《ききやく》」とも言われる）に渡された上で送還されることがあった（㈠二五三〜二五五頁）。

## 無宿の送還

無宿といっても事情は人それぞれに異なっていた。例えば、長門生まれの弥助の場合、享保一五（一七三〇）年二月に長崎に来て本紙屋町《もとかみやまち》の河内屋長兵衛の所で奉公していたが、翌年三月に暇をもらった。だが国元から持参した往来手形を盗まれ、また国元に帰る路銀もなく流浪することになった。捕まる直前には後興善町の八郎兵衛の所でときどき働かせてもらっていた。こうした折、弥助は無宿人の取り締まりなどを行っていた非人目付に捕らえられ、八郎兵衛の世話により国元に戻されることになった。八郎兵衛は面倒見がよかったので、こうした結末になったのだ（㈠二六八頁）。

兄が弟を助けたケースもあった。先ほどの事例と同時期だが、豊後日田《ひた》（現・大分県日田市）生まれの茂兵衛なる者が、同年六月一一日、長崎を徘徊しているところを非人目付に捕まった。茂兵衛は国元で困窮し同月一日に日田を出ていた。だが出たのはよいが宿もなく、道すがら売り物をしながら野宿していた。国元を出る際には筑後（福岡県の一部）に行って働く覚悟でいたものの、路銀もなく夢も叶わずに捕まったのだが、なぜ長崎に至ったのかは不明である。

日田の豊後町に兄弟がいるとのことで、奉行所が豊後代官の手代・成嶋《なるしま》注助《ちゅうすけ》に確認したところ間違いないとのことで、茂兵衛の兄・八右衛門を添えて請け人を長崎に派遣するので茂兵衛を渡してほしいとの連絡が来た。これを受けて奉行所は茂兵衛を日田に引き渡している（㈠二六八〜二六九頁）。

つぎも同年のこと、生所が島原城下古町《ふるまち》（現・長崎県島原市）の三右衛門は、三年前に逃亡し、四月頃まで波佐見《はさみ》（現・長崎県波佐見町）にいた。その後、長崎に来て、無宿で塩魚などを振り売り（店舗を構えない行商の一種）していた。奉行所が島原城主・松平忠雄《まつだいらただお》に問い合わせたところ、三右衛門が島原城下から逃亡したことが確認され、松平家の長崎聞役・杉野甚五兵衛《すぎのじんごべえ》に引き渡している（㈠二六九頁）。

享保一九（一七三四）年五月一〇日の暮れ前、非人原に不審な男が一人来た。これを非人目明しが捕らえ、牢守・江間権三郎《えまごんざぶろう》が奉行所に報告した。牢に入れて吟味したところ、名を五右衛門といい、筑前の者で、国元では渡世が送れず、奉公でもできないかと長崎に来たが、友人もおらず方々を徘徊していたら捕らえられたと述べた。悪事を働いていなかったことから国元の黒田家の者で長崎に駐在する御用達商人に引き渡し、在所に送り返された（㈠三〇五頁）。

このように、奉行所に捕らえられた無宿は身元引き請け人の確認などがされた上で国元に送還されていた。しかしすべての無宿に身元引き請け人がいたわけではなかった。

延享三（一七四六）年二月二〇日、筑後柳川《やながわ》（現・福岡県柳川市）の者で無宿の善八が長崎市中を徘徊していたところを非人目明しに捕らえられ、非人頭に預けられた。奉行所の判断としては、さして悪事を働いたわけではないとして翌日、追払。この場合、引き請け人がなかったので、町使が長崎の出口である日見峠まで付き添った上で長崎から追放している（㈡四四頁）。

## 2　非人原

### 非人手下？　無宿？

長崎の山手に非人原があり、その者たちが牢内の掃除を月に三度、一〇のつく日に行っていた。また、敲処分の敲役は皮屋町《かわやまち》部落の者の勤めだった。この他、長崎の治安を取り締まる村番・町番・山番・溜番・手先などの「番役」も彼らが担っていた。

また皮屋町部落は非人部落との縁組はしないようにとの内々の申し合わせがあるなど、両者の間でも人の区別がされていた。百姓が非人と酒を酌み交わしただけで「叱」を受けた事例もあるなど、異なる身分との交際が処罰の対象になることもあった（森永種夫『流人と非人』二二二頁、阿南重幸「『犯科帳』にみる非人集団」）。

罪を犯すと刑罰として、平人から非人に身分を切り替えられることがあった。この刑罰を非人手下《ひにんてか》といったという（『流人と非人』一七頁）。幕府の刑罰の一つであり、元の身分に戻る道も残されていた。「えた頭」弾左衛門《だんざえもん》の幕府への上申によれば、原則として「ひにん」となり一〇年以内に縁者から願いがあれば、元の身分に戻れ、これを「足洗い」といった（斎藤洋一・大石慎三郎『身分差別社会の真実』）。

長崎ではこうした例は確認できていない。ただ、非人手下とされたとしても非人身分になったとは考えられない事例がある。延享元（一七四四）年に死罪を言い渡された万五郎は、親からの願いが長崎奉行に受け入れられて非人手下となった。しかしそこから逃亡、後に盗みなどをして死罪となった。この記録が「犯科帳」には、「元桶屋町之者　所払立帰無宿」と記されているのである。つまり、万五郎は非人としてではなく、無宿として罰を受けているのである（㈡八頁、二八頁）。

この例から考えると、住む場所は非人社会になったとしても、身分の切り替えまでは現実には行われなかったのかもしれない。

## 一度なくした信用は取り戻せない

長崎の今町《いままち》から筑前に行った無宿・徳十郎が、筑前では生きていけなかったので長崎に戻ってきたと長崎奉行所に直訴した。乙名を呼んで吟味したところ、徳十郎は今町の村賀与惣右衛門の借り家に住んでいたが、人柄がよくないことから非人手下に渡されていた。しかし九年前、非人手下では不便なので筑前に引っ越したいと願い、それが認められていたことが明らかになった。それがこのたび長崎に舞い戻ってきたのである。長崎奉行所は、人柄が宜しくないので町内で引き受けることができず、また引き請け人もいないことから、ふたたび徳十郎を非人手下に処している（㈠二九〇頁）。

この場合も非人原に渡されたからといって非人になってはいなかったことがわかる。徳十郎は年月が経っても人の信用を得られなかったから再び非人原に渡されたわけだが、このことから、社会生活を営む中ではいかに地縁が重要であったかを知ることができる。

## どうしようもない奴

享保一二（一七二七）年のことだが、中紺屋町《なかこうやまち》の吉次郎（二〇歳）が、今紺屋町の伝次郎に口論を仕掛け、小刀で伝次郎に手傷を負わせた。これを乙名が奉行所に報告してきたので吟味の上、伝次郎の傷が治るまで吉次郎を町預にすることにした。

吉次郎は以前から人柄がよくないとみられていて、町内だけではなく隣町、そして親類の誰も身元を引き受けないので非人原にやりたいと、乙名が奉行所に書付を持って申し出てくる始末だった。現在では更生に期待してもよい年齢と言えようが、住民一同そうとうに手を焼いていたのだろう。

正徳五（一七一五）年までは親類間で合意の上、証文を作成すれば、乙名の判断で非人原に渡す手続きを取ることができていた。この証文を受け、乙名が理由を認めた書付を奉行所に差し出し判断を仰ぐことになっていたのである（『長崎代官所関係史料　金井八郎翁備考録一』一九三頁）。この場合、長崎奉行からは伝次郎の傷も快復したので、身体刑などは免じ、罰としては願いのとおり、吉次郎を非人原に遣わすことが命じられている（㈠二三二頁）。

これは町の治安を守るために町人を非人原に引き渡した事例だが、住民が五島への遠島を願い出たこともあった。この場合には呼び戻すことも想定されていて、遠島先の領主にもその旨が事前に伝えられていた（『崎陽群談』）。町から追放するにしても、非人原へ送ることのほうが遠島よりも厳しいとされていたのだろう。

傷害などを犯さなくても非人原に送られることもあった。享保一五（一七三〇）年、本下《もとした》町《まち》の善左衛門は、日頃から人柄が悪く町内を騒がすので親類のほか、町の者が残らず乙名に訴え出た。これを受け、乙名は書付を長崎奉行所に提出した。長崎奉行所は親類の者たちを召し出して事実関係を確認の上、願いのとおり善左衛門を非人原に渡すように伝えた。このときの善左衛門の年齢は不明だが、更生を期待できないと判断されれば、こうしたことが行われたのも事実である（㈠二六〇頁）。

つぎの例もある。日頃から酒癖が悪かった油屋町《あぶらやまち》の庄三郎は、酒に酔って包丁で相店《あいだな》（同じ借家の住人）の清七を傷つけるなど暴れ回ったので取り押さえられた。庄三郎も乙名や町の者が非人原に送ってほしいと長崎奉行所に願い出て認められている（㈠二六五頁）。

もっとも、非人原に送られたからといって人間、そうそう変わるものでもない。享保一七（一七三二）年、太次兵衛なる者が、若い時に三宝寺《さんぼうじ》で出家し、一七年前、全国を回るために長崎を離れたが、帰ってきたので恵美須町《えびすまち》に居住させてほしいと奉行所に願い出てきた。

恵美須町を調べたところ、以前、不行跡者として非人の手下に遣わしたとのことであった。そのため非人方に調べさせたところ、非人手下に渡された後、非人原から逃亡していたことがわかった。そしてその後しばらくして戻ってきたいと頼むので、非人原においていたのだが、この時もまた逃亡していたのだった。

同じことを繰り返す者は今の時代にもいるが、この時も再度、非人原へ送られ監視が強められている（㈠二八一頁）。

## 男は非人原、女は遊女屋

ここまでの事例がみな男性であることからわかるように、同じようなケースでも、男女とも非人原に送られたのかというと、そうではなかったようである。本五島町《ほんごとうまち》の吉郎兵衛は、離縁後も別れた妻である勘七の娘「なつ」と密かに関係を持っていた。その吉郎兵衛がある日、勘七の所に踏み込んで力ずくで「なつ」を連れ出した。この件について、吉郎兵衛の親・八右衛門と伯父・惣五郎が吉郎兵衛を叱責すると、吉郎兵衛は刃物を持って手向かい、親の足をねじ回すなど手に余ることばかりするとして彼らが奉行所に訴え出た。奉行所は吉郎兵衛を捕まえ詮議をし、入牢を申し付けた。

親の八右衛門は、他人を傷つけたのではないことから、非人原にやって欲しいと願い出て、吉郎兵衛への処罰はその願いどおりとなっている。他の罰を受けるよりも、非人原の方がましだとの認識があったことがこの事例からわかる。

一方「なつ」は、親が手に余ると訴えたこともあり、丸山町、寄合町の乙名を呼び出して、遊女屋に引き取るようにと命じている（㈠二四三〜二四四頁）。コミュニティーからの排除の仕方にも性差があったことをこの事例から知ることができる。離婚の原因などが確認できないのでどういう経緯で二人がこのような関係になったのかは不明だが、たとえ前妻とであっても、結婚解消後の性的関係が密通と扱われていたことがわかる事例でもある。

**身分と刑**

以上、平人が非人原や遊女屋に送られた例を見てきたが、最後に差別される対象であった非人の事例も紹介しておこう。文化一四（一八一七）年、非人・清八は、長崎半島の突端部・野母にある行基《ぎょうき》の開創と伝えられている観音寺《かんのんじ》を参詣した。観音寺は奈良時代創建の寺院の跡に建立された寺で、御本尊は往時から「みさき」の観音と呼ばれていた千手観音《せんじゅかんのん》立像《りつぞう》である。その帰り道、寄合町に立ち寄り遊女屋にいたところを盗賊方に見つかり召し捕らえられ、長崎奉行所で吟味されることになった。非人は遊女屋に行くことを禁じられていたからである。

この場合、非人身分を弁《わきま》えずに遊女屋に行ったとはいえ、ほかに怪しいところはないとして、非人小屋頭の宇七に引き渡し、相当の科を申し付けるようにと目安方・奥沢八左衛《おくさわはちざえ》門《もん》に申し渡された（㈦一〇九頁）。清八の処分は公権力が介入しない非人の社会集団としての掟に託されたのであった。

## 3 遊郭

### 遊女町

長崎の町に散在していた遊女屋が隣り合う丸山町《まるやままち》と寄合町《よりあいまち》の二つの町に集められて遊郭が設けられたのは寛永一八～一九（一六四一―四二）年頃のことだった。その当初から丸山遊女は出島に行ってオランダ人を相手に商売することを許されていたが、元禄二（一六八九）年に唐人屋敷が設けられると、そこにも出入りするようになっていた。

『長崎名勝図絵』によると、遊廓の入口には二重の門があり、周囲は堀に囲まれていた。そして背後は崖によって閉ざされた空間であった。だが長崎の場合、遊女の外出が禁止されたのは短い期間にすぎず、基本的に遊女は自由に遊郭を出入りすることができていた。

長崎の遊廓が最も栄えた時期に記された延宝版『長崎土産《ながさきみやげ》』によると、丸山町の遊女屋は三〇軒、遊女三三五人、うち太夫が六九人。寄合町の遊女屋は四四軒、遊女四三一人、うち太夫は五八人であったようだが、一八世紀以降は両町あわせて二〇～三〇軒、遊女数、四〇〇～五〇〇人となっていた。遊女の多くは長崎市中あるいは近隣の娘で、年季奉

「嫁盗」（「長崎名勝図絵稿本」長崎歴史文化博物館収蔵。二つの挿絵の結合は筆者による）

公として身売りして遊女屋で働いた。

## 遊女屋送りという「罰」を受けた女

享保八（一七二三）年のこと。北馬町《きたうままち》の権左衛門の倅・源七は、桶屋町《おけやまち》の次郎左衛門の娘「せき」とかねてより密書を取り交わす仲だったが、権兵衛以下四人を使って「せき」を奪い取った。

長崎には「嫁盗《よめぬすみ》」の慣習があった。大人数で申し合わせて「嫁盗み」と唱え、娘や下女などを連れ出すのである（森永種夫『犯科帳』九九～一〇〇頁）。「実力行使」により通常、結ばれることのない二人が一緒になれるわけで、当人同士には都合の良い慣習であった。しかし親からすればよろしくない。

次郎左衛門は源七に「せき」を返すようた

びたび申し入れたが応じてもらえず、奉行所に訴え出た。詮議の上、江戸に届けると、源七に五島への遠島が命じられた。

一方の「せき」だが、両親から何度も帰ってくるようにと言われても言うことを聞かなかった。長崎奉行所ははなはだ不孝のいたりであると江戸に伝えた。江戸の返答は、傾城《けいせい》町《まち》（遊郭）の者たちに渡すようにとのことであった。長崎奉行は丸山町、寄合町役人を呼び出して「せき」を遊女にするように命じた（㈠一八六～一八七頁）。

愛を貫くことがきわめてむずかしい時代には、こうした例もあったのだ。遊女屋に入ると源氏名がつけられ、もはや「せき」ではなくなる。先に心中のところで身元不明の死体を取り上げた。このときには身元は確認できたものの、「犯科帳」には本名ではなく源氏名の花園で記録されている。つまり遊女屋で生きている限り、元来の社会構成員の一人とは扱われていなかったのである。

遊女屋にも社会の通常の掟とは別に、その場所特有のものである遊女屋の親方の掟があったことは第二章「遊女の願いを受け入れたばっかりに」で見たとおりである。奉行所もその存在を理解した上で処罰を下していた。このことから、長崎市中に通常の空間とは異質な空間として遊郭が存在し、そこに所属する者たちは、長崎市中の構成員ではあるものの、多くの町人とは異なる存在として扱われていたことがわかる。

## 「黒坊」

先ほど触れた非人もそうだが、基本的に出入り自由の遊廓に入ることを許されない者はほかにもいた。例えばオランダ東インド会社の「黒坊」である。

黒坊とは、『長崎聞見録』に「大熱国にて。其色至って黒き故。黒坊またハ黒すといふ」とあるように、肌の色が名称となったものだが、「此地に来り二三年もすれバ。其黒色薄くなり。大躰《たいてい》日本の色黒なる人と。異なることなきなり」とあるように、長崎に来て二、三年も経つと日本人の色黒の人と大差ないように見られるようになっていたようである。したがってつぎの事例に見られるように日本人と見間違えられることもままあった。

宝暦二(一七五二)年一〇月九日、黒坊が寄合町に遊びに来た。相手をしたのは油屋与之助抱の遺手《やりて》(遊女の監督や指導をする者)の「さん」だった。最初、日本人と思っていたようだが、黒坊だと気づいて追い返した。遊女は異国人を相手にすることができたが、その場合には丸山町、寄合町から出島、唐人屋敷に赴くことになっていた。したがって、こうした対応になったのだ。

だが「さん」はこのことを主人の与之助には知らせなかった。ことが明るみに出たのは、この黒坊が油屋を追い出された後、大坂屋という別の店に行き、そこに滞在したからであった。
この一件の関係者として一〇月二一日に、まず寄合町の大坂屋甚左衛門、甚三郎父子と同町・油屋与之助が町預になった。甚左衛門、甚三郎父子の項目に「黒坊留置、役人共ニ召捕せ候」とあるから、この黒坊を引き留め、役人に報告して拘引させたのだろう。甚三郎とその父・甚左衛門は客扱いについては雇い人に任せているので知らず、今回の件も外から耳に入った話で驚いていると吟味のなかで供述した。いっぽう油屋与之助の項目には「乙名迄届出候」とある。このことから、甚左衛門、甚三郎父子が黒坊から事情を聞き出して油屋に知らせ、その後、油屋が寄合町の乙名・芦苅猪之八に事情を届けたことがわかる。大坂屋の甚左衛門と甚三郎、および油屋の与之助はこの件で戸〆《とじめ》（家の門を釘付けにして外出を禁じて謹慎）を命じられている。

その後、新蔵こと貞右衛門なる者が黒坊を油屋と大坂屋に手引きしていたことが明らかになり、同月二二日に入牢となった。異国人と親しく接触することは禁止されていたが、単に接触するだけではなく、出島から黒坊を抜け出させて大坂屋に手引きしたことが罪に問われたのだった。貞右衛門は入墨の上、長崎払になっている。また貞右衛門とともに住んでいた兄の郷兵衛も、今回の件では何も知らなかったようだが、とは言え何一つまったく知らなかったはずはないということで、普段の人柄も良くなかったことから長崎払に処された。

さて、最初に黒坊の相手をしたのは「さん」だったが、その後、これ以前にも大坂屋甚三郎抱の遊女「ふじ」が相手をしていたことが明らかになった。「ふじ」もまた、最初は旅人だと思ったと言っているところから、「さん」同様、この黒坊を日本人と思ったのだろう。今回の件ではおそらく和装で出島を出てきていたのではないかと思われる。「さん」、「ふじ」ともに叱だけで済んでいる(二)一三〇～一三二頁)。

この事例からもわかるように、この時代には、たとえ金があろうとも遊女屋を利用できない、社会的に差別された人びとが存在していたのである。

## 4　出島と唐人屋敷

長崎に存在していた異空間として最もよく知られているのは出島と唐人屋敷だろう。前者は寛永一一(一六三四)年にポルトガル人を隔離するために設けられたものであったが同一六(一六三九)年にポルトガル人が追放されると、同一八(一六四一)年、それまで平戸にあったオランダ商館が移された。キリスト教布教を禁じた幕府が日本人と接触させないために、こうした施策が採られたのであった。

いっぽう唐人屋敷は、元録元（一六八八）年に、それまで市中に雑居していた唐人を収容するための施設として造られた。唐人が隔離されるようになったのは、密貿易が頻発し、また唐人が日本人に危害を加えたり、長崎奉行所で騒動を起こしたりしたからであった。

これらは二つとも明確に隔離された空間になっていた。出島は周知のように周囲を海によって囲まれ、出入りは唯一の橋である表門橋に限られていた。唐人屋敷の場合にも、陸地にはあったが周囲は高い塀と生け垣によって囲われ、二重の門によって周囲からは厳密に区別されていた。そして二つの門それぞれに「探番」が配置され、人と物品の出入りを監視していた。

## 長崎にあって長崎にあらず

以上から明らかなように、日本人と外国人の区分けが一斉になされたわけではなかったが、幕府が人や物の出入りを厳しく制限することにより秩序の安定を図る意志を一貫して持ち続けていたことが、これらの措置からうかがえる。かくして日本の中にありながら日本とは異なる社会が作り上げられることになった。

例えばお金に関することも、遊女が日本人を相手にする場合と、出島や唐人屋敷に出向く時では異なっていた。日本行き・唐人行き・オランダ行きの三種類があり、元禄期においては、日本行きを一番上等、これに唐人、オランダと続いた。しかし揚代は日本行き・唐人行きが太夫一五匁、みせ一〇匁、並五匁で、オランダ行きはみせ・並に限られて三〇匁だった。時代が下るにつれて唐人・オランダの遊女の揚代は割安になったという（本馬貞夫『貿易都市長崎の研究』）。

長崎にありながら、日本とは異なる社会、価値基準が確かに存在していたことは、つぎの事例からも確認できる。元文二（一七三七）年のこと、唐人屋敷の長屋普請場の板囲いを越えて大門の外に逃れた文次郎という者がいた。文次郎は、前年の二番唐船の部屋附宿町であった紺屋町《こうやまち》の乙名からの依頼を受けて館内で働いていた。しかし飲食代などで唐人への負債がかさみ、唐人からの催促に耐えかねて、奉行所に自訴する覚悟でこのような挙に出たのだった。負債を確認すると、唐人は一〇〇貫文と言い、文次郎は銭三〇貫文ほどだと述べた。

なぜここまで額に差があるのだろうか。じつは、正銭八〇文を唐人たちは館内では一〇〇文と二割増しで使っていた。その上、元銭五貫文を借りた場合、ひと月後、二貫文の利息をつける約束になっていた。十一《といち》以上の高利貸である。文次郎の言い分が正しければ、長崎にあって長崎とは異なる金融世界が存在していたことになる。

しかし長崎奉行の立場からすると、そもそも日本人に対して金銀などはむろんのこと、どんなものであっても貸し付けてはならないと唐人には命じていた以上、そもそも文次郎が自供したようなことはあってはならないことだった。以上を踏まえて、文次郎は唐人から酒や食事の提供を受けたこと、そしてその代金を払わなかったこと、さらには唐人屋敷の普請場の板囲いを越えて大門の外へ忍んで逃げたことが咎められた。これにより、入墨と所払が命じられた。一方、唐人は、何も咎められることはなかった（㈠三四九〜三五〇頁）。

## 両替の差額を懐へ

　唐人屋敷に薪を納めていた船大工町《ふなだいくまち》・平右衛門と本籠町《もとかごまち》・貞次平の二人は、享保一七（一七三二）年の一八番と三六番船の唐人と合意して、四宝銀《しほうぎん》四貫目（宝永《ほうえい》四《よ》ツ宝丁銀《ほうちょうぎん》。正徳元〈一七一一〉年から鋳造された秤量銀貨）分の銭札を借り、唐人屋敷から持ち出した。そしてこれを新銀八〇〇目に両替して二人で分けた。その後、平右衛門が唐人から銭札の返済を催促されたので、元字銀《げんじぎん》六〇〇目（元禄丁銀《げんろくちょうぎん》。元禄八〈一六九五〉年から鋳造された秤量貨幣）を唐人屋敷に持ち込んで渡したが、悪銀だと突き返されてしまった。平右衛門は仕方なくまたそれを懐に入れて唐人屋敷から出ようとしたところを探番に見つかった。

　吟味の上、唐人屋敷の出入りに関してはかねて厳しく申し付けていたにもかかわらず唐人と合意に及び、ご法度の銀を唐人屋敷に持ちこんだのは不届きとされた。ただし今回は宥免、罰としては二人の唐人屋敷薪屋株（特権）を取り上げるだけに止まった（㈠三〇四頁）。

先に見てきた「抜荷」の事例や「犯科帳」に記載された判例の多くが抜荷であることは、このような存在が多数あったことを裏づけている。長崎奉行・大岡が長崎宿なしの存在を危険視したのも十分な根拠あってのことであったのだ。

## 5 区分けされた空間へのもがき——「逃避」を試みる者たち

ここまで述べてきたことからもわかるように、長崎では社会の秩序安定化を図るための住み分けが段階的に行われ、それにともない、身分の違いも次第に明確にされていった。とは言え、中には上から決められた秩序に抗う者もいた。

### 海の向こうを夢見たのか？

日本人にとって、出島や唐人屋敷は長崎の内にある異空間であったが、同時に外の世界への入り口でもあった。そのため、中にはその先にある世界をめざす者がいた。

例えば、正徳元（一七一六）年一一月二三日に入牢となった甚左衛門である。この甚左衛門、唐船出船の際、日雇に紛れて乗船し、人改め（乗員の確認）の時には船底に隠れていた。船はそのまま出船したが、当の本人は、すぐに船酔いしてしまった。海の向こうの世界を夢見る気持ちとは裏腹に、体が航海に耐えられず、唐人に船から降ろしてくれと懇願した。すると五島列島の五島家領・福見《ふくみ》（現・新上五島町奈良尾《ならお》）で磯に降ろされた。その後、捕らえられて長崎に送られ、江戸の判断で壱岐に遠島となった（㈠一五七頁）。

ほかにもこうした者はいた。海のない信濃（長野県）生まれの長八は、長崎を訪れて非人頭・佐次兵衛の所に滞在していたが、寛保元（一七四一）年七月二六日の夜、密かにオランダ船に乗り込んだ。だが隠れていたところをオランダ人に見つかり、奉行所に報告がなされた。奉行所が尋問したところ、非人頭の所にいたが難儀であり、オランダ人にオランダ本国に連れて行ってほしいと頼むために船に乗り込んだとのことであった。

長八は長崎で非人頭のところに身を寄せていたことをふまえると、そもそも同様の身分で国元を離れ、非人の身分から逃れるために海外脱出をめざしたのかもしれない。長崎奉行所は乱心のように見えるので、今後、徘徊させないようにと非人頭に命じて長八を非人手下に引き渡した（㈠三五八頁）。

ところで異国人の長崎移住はあったのだろうか。寛文一二（一六七二）年に事例がある。

魏示潜《ぎじせん》を含む唐人父子三人が長崎奉行に願い出ていたようで、同年八月二五日付長崎奉行宛老中書付で許されている。三〇年も貿易に従事していて諸事律儀な者であることが評価されたからだった（「長崎御役所留　中」）。幕府には、こうした面もあったのである。

## 長崎からの遠島

犯罪者への処罰の一つに遠島があった。長崎からは壱岐、五島、薩摩などに流された。安高啓明・山田悠太朗の研究成果によると、享保期以降月番の町年寄からの指示を受けた月役乙名が借船の吟味や船賃、付き添いの町使の仕度料や、船中での食料などの諸経費の見積もりを作成・提出し、長崎奉行所から費用を受け取ってからは関係各所への経費配分と船囲等の見分まで担っている。遠島地での流人の配置は領主に任せられており、名前・年齢・罪状の書かれた書付が藩の役人に渡された（『崎陽群談』）。天保期には与力のもとで町年寄など地役人が実務を行い流刑先への移送が行われた。

慶安二（一六四九）年一二月一七日から宝永四（一七〇七）年一一月までに五島に流刑となり同地で死亡した者についての五島家から長崎奉行所への通知が「従長崎五島江流人死亡覚《ながさきよりごとうへるにんしぼうおぼえ》」（以下断らない限りこの史料による）としてまとめられている。記載されているのは一一〇名である。「犯科帳」は寛文六（一六六六）年の記録からなので、これには記載されていない案件もあり、また「犯科帳」には記載がなく、この史料にのみ確認できる人物も多い。

## 遠島先でも犯罪

ここでは流刑先でも事件を起こした例を見ていこう。流刑人の処分に関しては流刑先の当局に権限はなく、処罰は長崎奉行が決定した。

長崎金屋町《かなやまち》の庄右衛門は万治二（一六五九）年六月一七日、五島に流罪となった。その庄右衛門が寛文二（一六六二）年六月七日、流刑先の五島六方《むかた》村で百姓の男女二人を刺し殺す事件を起こし、流刑先の五島家から長崎奉行所に届けられた。当時の長崎奉行・黒川正直《くろかわまさなお》は庄右衛門に死罪を申し渡した。

つぎのような事件も起きている。勝山町の住人・平右衛門（二四歳）は元禄五（一六九二）年九月二五日に五島に流罪になり、靫木《ゆきのき》村（現・佐世保市宇久《うく》）の庄屋・四郎左衛門に預けられた。取り調べにより平右衛門は「類族」すなわちキリシタンであったことが判明した。平右衛門は勝山町の村田吉右衛門借家人であったが、長崎近郊・蚊焼《かやき》村（鍋島家領）の百姓に虚言を弄して吉右衛門（二六歳）ら仲間四人と鍋島家の役人・広木八郎兵衛《ひろきはちろうべえ》に捕らえられたのだった。同類であった仲間三人は長崎一〇里四方追放、平右衛門と吉右衛門の二人は遠島に処された（㈠七六頁）。

ところが翌年七月二四日の夜、遠島になった平右衛門が中嶽《なかだけ》村の百姓・清三郎と口論になった。これを聞いた庄屋の四郎左衛門は事情を確認しようと中嶽村に向かった。その途中で四郎左衛門は平右衛門と行き合い、その際二人で口論となった。平右衛門は四郎左衛門を斬り殺し、自身も手負いを受けながらも逃げ去った。このことは領主五島盛佳《ごとうもりよし》の屋敷（五島市福江《ふくえ》）まで知らされた。

さっそくその場に目付が派遣されて平右衛門の行方を追い、同月二六日の朝に捕らえた。捕らえた場所はわからないが、平右衛門の傷は深かったようで医師が付けられ、尋問の上で口書きが作成され、長崎奉行・川口宗恒と山岡景助の家老に使札が送られた。長崎からの指示は五島においての死罪。八月一八日に本人に死罪を申し付けたと五島家から知らせをその後受けた。先ほどと同様、ここでも流刑先ではなく長崎奉行の判断で処理されている。つぎの件も同様である。

元禄一三（一七〇〇）年二月二三日、今魚町《いまうおまち》の十三郎が五島に流刑となった。前年六月五日、狂言が演じられていた芝居小屋で暴れて町使に捕らえられたのだった。詮議したところ、日頃から非行が多く、町の者が迷惑しているとの証言もあって入牢を命じ、処分を江戸に伺った。その結果がこの五島への流刑であった（㈠八六頁）。

この十三郎、流刑先で三井楽《みいらく》の海津《かいづ》（貝津）村の百姓・六右衛門の妻と密通していた。ところが宝永四（一七〇七）年七月一六日の夜、六右衛門が外出しているのを見計らって家に忍び入ると、理由は分からないが六右衛門の脇差を盗んで妻を斬り殺し、その後、隣家の百姓・六兵衛方に押し入り、同所に滞在していた周防国の住人・安左衛門の娘にも深手を負わせて逃げ去った。

まさしく狂気の沙汰としか言いようがない。逃げた十三郎は翌日、三井楽の濱之畔《はまのくり》で捕まった。その後、長崎奉行・佐久間信就《さくまのぶなり》、駒木根政方《こまきねまさかた》にこの件の処分の照会が送られ、流刑者でありながら重ね重ね不届きであるから死罪を申し付けるとの返書がきた。八月三日には海津村で死罪が命じられているところをみると、この処分は江戸には伺いを立てずに長崎奉行の判断であったことがわかる（森永種夫『流人と非人』一〇七〜一〇八頁、「従長崎五島江流人内死亡覚」）。

### 遠島になっても再挑戦

唐人屋敷の当番を務める斧右衛門（二七歳）は、享保一一（一七二六）年冬、当番の時、一三番船の唐人と、つぎの入港時に人参を受け取る手はずを申し合わせた。そして唐人屋敷の二之門番の脇で秘かに票（抜荷時に使う割符）二枚を受け取ると、それを麹屋町《こうじやまち》の清右衛門（二九歳）に預けた。年が明けると、一八番の唐船が申し合わせ通り赤旗をかざして入港した。そこで斧右衛門は預けていた票を唐船に届けるように清右衛門に依頼した。依頼を受けた清右衛門は、稲佐の太平次（二八歳）を訪れ、泳げる者を雇って欲しいと頼んで預かっていた票を太平次に渡した。

太平次が雇ったのは稲佐船津村の勘四郎（二五歳）だった。八月一八日夜、勘四郎は港内に停泊中の一八番船に泳いでいって乗りこんだ。手はずによれば、票を渡せば人参が手に入るはずだったが、唐人は勘四郎を捕らえて長崎奉行所に訴え出た。勘四郎が捕まったことを知った太平次は、長崎奉行所に自訴した。自訴した太平次と票を預かっていた清右衛門への江戸の判断は入墨であった。いっぽう首謀者の斧右衛門と「実行犯」の勘四郎は遠島となり薩摩に流された（(一)二二八〜二二九頁）。

しかし勘四郎は薩摩を抜け出して、長崎の大黒町《だいこくまち》に戻ってきた。戻ってきたのがいつだったのかは不明だが、元文四（一七三九）年、一つの事件でその存在が知られることとなった。八月晦日の夜、オランダ船に乗り移ろうとした船津浦の伊三治、八平治、武助の三名が捕まった。吟味の結果、伊三治は西中町《にしなかまち》の住人・又八に密買を頼まれ、八平治、武助とともに船に乗ったと白状した。

じつはこの八平治と武助の二人は又八から頼まれたのではなく、件の勘四郎から頼まれたのだった。一隻の船で密買を実行しようとしたところから推測すると、今回のことは又八と勘四郎の共謀の上でのことだったのだろう。この船は大黒町の吉右衛門所有のもので、又八が同町の藤左衛門に頼んで借り受けたものであることが明らかになった。藤左衛門の証言によれば、オランダ船から荷物を受け取って運ぶために船を求められ、船賃として二貫文を受け取ることになっていた。

寛文九（一六六九）年の記録によれば、このとき長崎には大小三五六艘の船があった（「長崎諸事覚書」一〇冊目）。また明和四（一七六七）年のことだが、長崎代官が把握していた長崎市中の船数が二七二艘、長崎村、浦上村の船数が一四九艘であった（『長崎代官所関係史料金井八郎翁備考録一』一五三頁）。船の大小はあるとしても、これだけ船があれば、中には犯罪の誘いを受けてしまう者もいたであろうことは容易に推察できる。

話を戻すと、勘四郎、八平治、武助の三人は、かねてよりの知り合いであった蓋然性が高い。勘四郎は、八平治と武助を船津浦にある自身の実家（親・武右衛門）に呼んで企てを話したようである。この時、武右衛門と妻は不在で、後の調べでこの二人は以前、武右衛門が所払（いつのことかは不明）になって以後会っておらず何も知らなかったと供述している。八平治と武助は荷物を受け取る前に捕まったこともあり、九月一日に入牢後、翌年九月一三日出牢。入墨を命じられたが、船津浦に住むことは許された（㈠三七四頁）。勘四郎は遠島先の薩摩に戻されたようで、延享二（一七四五）年正月二四日に病死したことが島津家から長崎奉行所に伝えられ、宗門奉行（宗門改役《しゅうもんあらためやく》）を介して同年一二月九日に御用番老中にその旨が届けられている（㊀二二八頁）。残りの一人、又八の記録は「犯科帳」にはない。したがって、逃亡したのかもしれない。

**島抜け**

唐津（現・佐賀県唐津市）生まれの角助は、寛文三（一六六三）年七月二三日、五島に流された。「犯科帳」には記されていないので、遠島の理由と島は不明である。

しばらくはおとなしく生活していたようだが、寛文九（一六六九）年六月一五日、三井楽の海津から小船を盗んで逃亡、つまり島抜けをした。当然、流刑先の五島家は角助を探すことになった。

この件は五島の領主・五島家から長崎奉行所にも届けられた。下関・筑前・唐津・平戸・壱岐・対馬といった九州西岸、すなわち潮の流れに沿っている、五島から北東に位置する範囲であった。だが結局、見つけることはできなかった（「従長崎五島江流人内死亡覚」）。その後のことは記録されていないところから、角助は逃げ延びることができたのかもしれない。あるいは、海で命を落としたのかもしれないが。

幕府は都市長崎を支配するにあたり、統制に難がある存在をさまざまな形態で隔離した。しかし隔離された人びとと住民との関係を完全に遮断することも管理・統制することもできなかったため、さまざまな身分・階層の混在が解消されることはなかった。

異質な者同士が結びつく可能性が残されたこうした状態が犯罪の温床となり、巧妙な手口で罪を犯す者たちが絶えなかった。地域が変われども、都市であればどこにでもみられる現象である。ただ「罪」への意識には土地柄が出ていたようで、第一章で紹介したように、長崎は長崎奉行から「長崎の仕癖」と捉えられるほどに幕府の手に負えない都市だと見なされていたのであった。

# 終章　「犯科帳」とはどんな史料か

# 1　「犯科帳」という名前はいつから？

では最後にこの章では、「犯科帳」とはそもそもどのような性格の歴史史料なのか、そのことについて、少し詳しく見ていこう。

序章でも述べたように「犯科帳」には寛文六（一六六六）年からの判例が記載されている。安高啓明は、これをもって「寛文六（一六六六）年から編纂され始めた公文書である」（『近世長崎司法制度の研究』）とするが、この説明では「犯科帳」は判決からそう時間をおかずに編纂されたもののように読める。しかし、後述するように、編纂のあり方は冊ごと、あるいは冊の中でも異なっており、編纂開始時期をこのように言い切ることはむずかしい。

このことと関連するのが、現在の史料の表題にある犯科帳という名称である。森永がすでに紹介しているように、『長崎《ながさき》乙名《おとな》勤方《つとめかた》附《つけたり》御触書抄《おふれがきしょう》』所収の「御触書抄」の嘉永二（一八四九）年四月二二日の記述に、「『犯科帳』はこれまで厚手の荒板紙《あらばんし》に記録していたが、あまりに大冊である上に年々冊数が増え取り扱いが不便なので、今後は薄い美濃《みの》紙に記録しても良いか」とある（「（嘉永二年）酉閏四月二二日、犯科帳之儀是迄荒板紙ニ認候得共、余り大冊ニ而年々冊数相増、取扱も不弁理ニ可有る之、以来ハ美濃紙ニ認候て差支無之哉」）。

これは書役（この文書を記した役人）から松平《まつだいら》瀬平《せへい》および馬場《ばば》五郎左衛門《ごろうざえもん》への伺いだが、犯科帳が名詞として使用されていたことの根拠となる事例である。ではこの犯科帳という名称の使用は、いつの時期までさかのぼれるのだろうか。

九州帝国大学法文学部教授であった金田平一郎は、「寛政八辰年《かんせいはちたつどし》御渡《おわたし》」に「寛文・天和年中之犯科帳書抜」とあることに注目した。そしてこれを根拠に、寛政八（一七九六）年には犯科帳が名称として使用されていたとする。

また、「犯科帳」という記載が犯科帳の元禄六（一六九三）年の判例記録に見出せることを指摘して、この時期には犯科帳という公文書が存在し、公文書の呼称として定着していたとする見解もある。

じつはこの点は、金田平一郎がすでに「九州地方の近世刑事判決録」で指摘していたのだが、実際の「犯科帳」の記述は「但酉年之犯科帳面ニ不相見候付、為以後記置之」である。

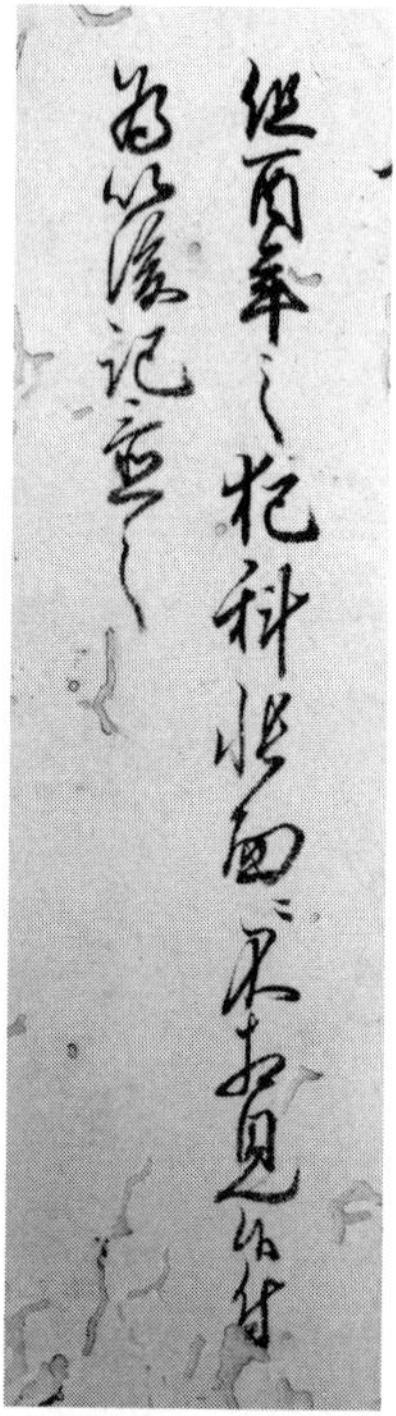

「犯科帳」（長崎歴史文化博物館収蔵）

安高はこのなかの

「犯科帳面」を一つの語句と捉えて、「酉年の元禄六年には『犯科帳』という公文書が存在していたことがわかる」としている（安高啓明『近世長崎司法制度の研究』）。つまり「犯科帳面」を「犯科帳」と理解し、「ただし、酉年の犯科帳では確認できないので、後のために記す」、との理解なのであろう。しかし読点を、「但、酉年之犯科、帳面ニ不相見候付、為以後記置之」とするとこの文章は、「ただし、酉年の犯罪は、帳面で確認できないので、後のために記す」、との解釈になる。つまり、この文章に見える「犯科帳面ニ」の読みは、「犯科、帳面ニ」となって、論拠とされた文章は犯科帳の名詞例ではなくなるのだ。したがって、この時期、犯科帳なる名詞が公文書の呼称として使用されたとの根拠にこの事例はなり得ないと私は考えるのだが、読者のみなさんはどう思われるだろうか。

しかしそうなると、いつから犯科帳という単語が使用されたのかはいまもってわかっていないことになる。その解明は今後の研究の進展に期待するしかないだろう。こうした謎が残ることも歴史のおもしろさとも言えるだろう。

## 2　史料としてのむずかしさ

本来「犯科帳」に残されないような性格の記事も「犯科帳」には写されている。

「犯科帳」一一冊目には、享保一九（一七三四）年一〇月から元文三（一七三八）年九月までの記述のあとに、非人原に送る時の「定」が載せられている。非人原とは非人の部落のことだが、幕府は非人に関する事柄には原則、不介入の方針を採っていた。しかし長崎では江戸とは異なり非人に関する事柄も長崎奉行所が刑罰を科すことになっていたことをこの記載から知ることができる。

この一一冊目には、この「定」以後の記載が前にさかのぼって記されていることもあれば、元文三年以後のことも記されている。刑の執行のみ記している場合もあれば、そのなかの元・磨屋町《とぎやまち》の七之助のところには、「右之者依御下知、辰八月十八日非人手下江渡ス、科書ハ犯科帳ニ在之」とある。その内容を現代語に訳すと「七之助は下知により、八月一八日に非人手下へ引き渡す。罪状を記した科《とが》書《がき》の内容は犯科帳に記載している」、ということになるだろう。

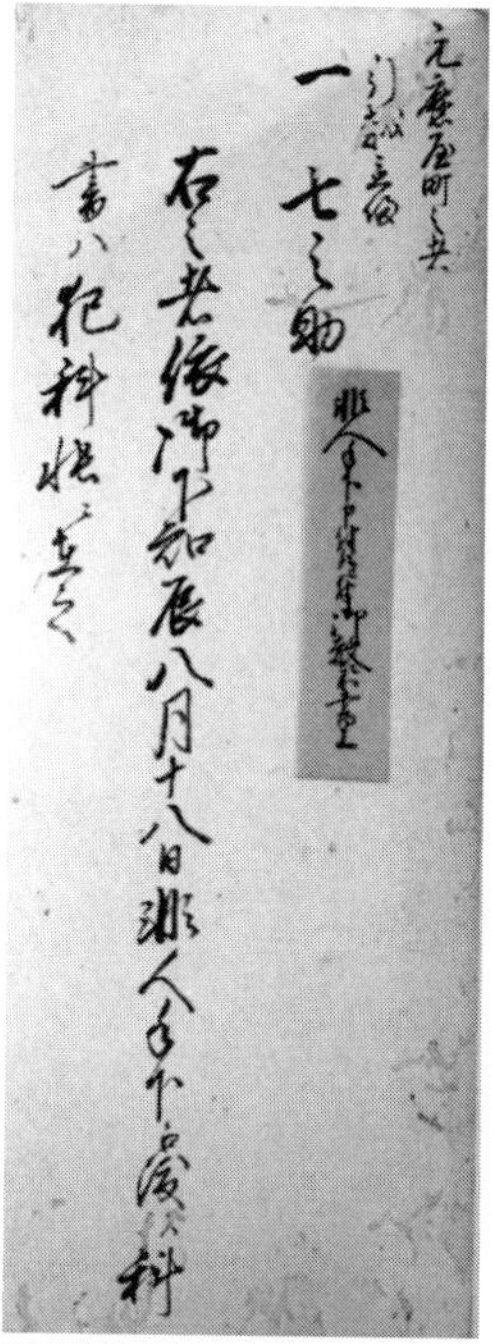
「犯科帳」（長崎歴史文化博物館収蔵）

この記載から、別の冊子（すなわち原文の

「科書」）に記載された内容を一冊にまとめる一つの段階があったことがわかる。そしてこの段階でまとめられた方にも犯科帳という名称が使用され同名の史料の一冊になっているわけだ。

### 再犯でもないのに同人物の事項が一冊に二ヵ所

「犯科帳」が「ファーストハンド」の記録ではなく編纂物《へんさんぶつ》であることがわかる事例を、さらにいくつか紹介しよう。

「犯科帳」一〇冊目、享保一八（一七三三）年の記述によれば、唐船抜買に関与した大黒町《だいこくまち》の長左衛門が逃亡して行方知らずとなっている（㈠二六九頁）。その後、長左衛門は長崎に立ち帰ったことが「犯科帳」一一冊目で確認できる。面白いのは、この件が二ヵ所に書かれていることである（㈠三二八・三五七頁）。

A

元大黒町之者　無宿　卯十一月廿二日入牢

一　長左衛門　辰六月七日非人手下江遣ス

右長左衛門、四年已前丑三月、同町勘五平、繁蔵、吉右衛門下筑後町七右衛門申合、入津唐船江罷越致抜買候段及露顕、勘五平、七右衛門は早速召捕僉議之上御仕置申付候、吉右衛門同年十二月御役所自訴申出候付僉議之上住居申付候、右長左衛門行衛不相知候処、去卯十一月弟新八方江立帰罷在候段相聞候付、遂吟味候処、乙名召連罷出候、依之牢舎申付置候、右抜買僉議之砌自訴いたし候はゝ品ニ寄所住居可申付処、其砌致欠落、去冬より立帰無宿ニ而罷在候段、重々不届ニ付、辰六月七日非人手下江相渡之、

（右、長左衛門は、四年前の三月、同町勘五平、繁蔵、吉右衛門、下筑後町《しもちくごまち》の七右衛門と申し合わせて、入港している唐船に行って抜買したことが露見した。勘五平、七右衛門はすぐに捕らえ、詮議の上、御仕置を命じた。吉右衛門は同年一二月に長崎奉行所に自訴してきたので、詮議の上、住居、すなわちお咎めなしとのことだった。右、長左衛門は行方知れずであったが、去年一一月に弟・新八のところへ戻ったとの知らせが入ったので、吟味したところ乙名が長左衛門を奉行所に連れてきた。そのため入牢を命じた。抜買の詮議の際に自訴していれば事情によって自宅に戻したが、その際には逃亡していた。昨年冬頃、長崎に戻り無宿となっているのは重ね重ね不届きであるので、六月七日に非人手下に引き渡した）

B

一　大黒町之者　欠落立帰
　長左衛門
右之者四年以前丑三月、大黒町繁蔵唐船抜買いたし候一件之内ニ、其節致欠落候ニ付尋申付候ものニ候、然処大黒町ニ立帰隠レ居候由相聞候ニ付召捕へ候、尤繁蔵一件之者共抜買之節不及伺ニ夫々御仕置申付相済候ニ付、右長左衛門不及伺非人手下江相渡候
但右長左衛門四年以前欠落いたし候ニ付尋申付候処、立帰隠レ居候を不心附段乙名組頭幷町内之者共不埒ニ付弐拾貫文之過料申付、則其過料銭相添非人手下江相渡、重而非人手下出シ不申筈ニ候、勿論以後米為取候に不及候、
㊟　寛延三年午四月御法事ニ付、同廿三日溜を差免、非人頭江相渡非人之稼申付候
（右の者〈長左衛門〉は四年前の三月、大黒町・繁蔵が唐船と抜買した一件で逃亡したので捜索を命じていた者である。しかし長崎に立ち帰って隠れていると耳に入ってきたので召し捕らえた。すでに繁蔵一件に関わった者は抜買の際、江戸への伺いはせずに非人手下へ引き渡した。
　ただし、右、長左衛門が四年前に逃亡したことについて尋ねた際、長崎に戻って来てい

たことを知らなかった乙名、組頭、そして町内の者たちは不埒であることから二〇貫文を過料として命じた。この過料を添えて長左衛門を非人手下に引き渡した。ふたたび非人手下が要求することはないはずである。もちろん以後、米を与えることはない。

㊟寛延三年午四月、御法事〈詳細不明〉につき、同二三日溜を許されて、非人頭に引き渡し、非人として働くことを命じた)

Aは元文元(一七三六)年の記載であり、Bは同冊の非人原に遣わす際の「定」の後に記載されているものである。「犯科帳」の基本的な記載形式に従うとAになる。Aの後に「大黒町乙名組頭幷町人共」に申し渡された書付の内容が続いているから事件単位での記載となっていて他と異同がない。したがって、先の「定」以後は、「犯科帳」とは別の記録と考えた方がよさそうで、いつの段階かに二つの記録が一冊にまとめられたということになるだろう。注意しておきたいのは、Bには寛延三(一七五〇)年のことが追記されていることである。この点をふまえると、Bが記された記録は、当時、現用文書として機能していたことになり、それが現存の「第一一冊」に転載されたと考えた方がよさそうである。

このBの事例から、「犯科帳」に記載されたものの中には、もとは別々の記録であったものが後に一つにまとめられたものがあることがわかる。この記述が「犯科帳」と名付けられたものからの再編纂であったのかどうかを確かめることはできないが、少なくとも、こうした編纂の遍歴を持つものが現在の一一冊目に入っていることは間違いない。他の冊も同様なのか、さらなる検証が必要である。

## 後世に編纂

「犯科帳」が編纂物であることがわかる事例を、さらにいくつか紹介しよう。今の事例と同じ一一冊目には享保一九（一七三四）年一〇月から元文三（一七三八）年九月までが記載されている。刊本（一冊）を見ると、森永種夫は「(75) 以下は、年号も前にさかのぼり、内容・形式ともに異なり、ここに入るものとも思えない」と書いている。この記述からも「犯科帳」が原史料ではなく編纂史料であることがわかる。

では、編纂が始まったのはいつなのか。先ほど述べたように「犯科帳」が編纂されはじめたのは寛文年中（一六六〇年代）であったとする研究者もいる。私の見解では、「犯科帳」はだいぶ時代が下った時期の編纂物である。さらに言えば、「犯科帳」には編纂物もあれば、「編纂物の編纂物」もあると考えている。その根拠は、記載内容に統一が見られない点にある。

例えば六冊目と七冊目だが、六冊目は享保七（一七二二）年一〇月から同九（一七二四）

年一〇月、七冊目は享保九年一〇月から同一四（一七二九）年九月までの記録である。これらを比較すると、七冊目は情報の項目が増えている。またそれ以前には多くの事例で年齢が記されていたが、これ以降の冊には基本的に年齢が記されていない。記載項目の方針も時代によって違っていたと言えるだろう。

もう一つは、この六冊目と七冊目には追記として江戸に送られた「伺」への回答が記されていることである。もっとも、享保一五（一七三〇）年一一月から同一六年九月までの記録である九冊目には、それ以前に江戸から送られてきた「申渡之覚」が全文写されていて、それを見ると、七冊目に記されているものはその要約であることがわかる。また九冊目のように全文の写しが載っているのも、それ以後、見られたり見られなかったりとまちまちである。規格が統一された史料ではないことが、ここからも理解されるだろう。

つぎに、「編纂物の編纂物」と考えられる事例を見てみよう。例えば「犯科帳」五冊目、享保五（一七二〇）年のつぎの事例である（㈠一七〇頁）。

今籠町
一　有右衛門　　子三月廿一日入牢
　　　　　　　　同八月十八日出牢

右有右衛門儀、抜買吟味之儀ニ付従大坂表申来候趣有之、入牢申付置候、
(追) 但委は、沖買一件之帳面記之

（右、有右衛門のこと。抜買の吟味について大坂表から伝わったことがある。入牢を命じた。
(追加)ただし、詳しいことは沖買一件の帳面に記す）

記載方法の基本形は、まず犯人の名が書かれ、右肩に住所、下に入牢の日付や処分、次に本文があり、そこに罪状と処分が記される。なお、この罪状・処分は犯人に対するもので、複数の者が関わった犯罪の場合、その事件の全容はそれぞれの罪状を読み合わせながら把握に努めなければならないことは、先に述べた通りである。

この記載を見ると、長崎・今籠町《いまかごまち》の有右衛門が大坂で抜買の容疑で捕まり、この件の吟味について長崎奉行所に連絡があった。これを受け、有右衛門に入牢を申し付けたとの記録である。その後に同じ筆により、ただし、詳しいことは沖買一件の帳面に記していると記されている。つまりこの件の全容は「犯科帳」を見ただけでは明らかにならず、「犯科帳」に記されているのはあくまでも、長崎奉行所が取り扱った案件のみであるということだ。

とは言えそれは、これが長崎ではなく大坂での案件だったからではないか、そう思われ

る方もあるだろう。しかしそれにも反論できる、つぎのような事例が同年にある（㈠一七〇頁）。

新橋町
一　三助
子五月十三日入牢
同七月廿五日出牢
右三助儀、同町伊八と申者を去十日之夜三助宅ニ而縛り殺し候、依之入牢中付置候、
㊟但委は、三助一件之留別帳ニ記之
（右、三助のこと。同町伊八を去る一〇日の夜に三助宅にて縛り殺した。これにより入牢を命じた。
追加ただし、詳しいことは三助一件の「留《とどめ》」という別の帳面に記す）

これは三助なる者が自宅で伊八を殺害した件だが、先の有右衛門の事例と同様に、記されているのは入牢、出牢の時期のみであり、追記から「犯科帳」とは別にこの「三助一件」が「留」という「別の帳面」に記されていたことがわかる。またこの「留」の方に事件の詳しい経緯が記されていたことも、文面からはうかがえる。この「別の帳面」が残っ

ていないので推測に過ぎないが、三助が「出牢」を許されていることを踏まえると、正当防衛が認められたのかもしれない。いま問題にしているのは「犯科帳」の史料の性格なので深入りしないが、このように、例外的ではあるが、長崎で起きた事件でも判決理由が記されていない事例も中にはあるのである。

またこの事例の前後だけに見えるものだが、「但委は、御仕置者帳面記之（ただし、詳しくは、御仕置は帳面に記す）」「但委は、入牢帳ニ記之（ただし詳しくは、入牢帳に記す）」との記載がある。この記述から「帳面」「入牢帳」など、必要な情報だけが記された「犯科帳」とは性格の異なる記録が別にあり、それらを参照するための手引きとしてこのような記述が追加されたものと推察される。

このような記録は例外かもしれないが、とは言えその記述のあるものが特別に重視されなければならないような事件であるとも思えない。となると、このような記述の仕方がなされたのは、「犯科帳」を編纂する段階で参照された、詳細な記録を記した「別帳」なるものが存在していて、「犯科帳」にはその存在を前提として記録する方法がとられたと考えるのが最も自然ではないだろうか。

史料の性格を知る上では、享保一七（一七三二）年二月から同一九（一七三四）年九月までを記した一〇冊目のつぎの事例も重要である。

大井手町　唐人屋鋪二ノ門探番

丑十二月廿日所預

寅正月十三日入牢

一　善六

右之者唐人屋鋪二ノ門探番相勤候処、去々子九月頃館内子拾八番船九官と申唐人方より本籠町甚八方江遣候人参を取次いたし候由相聞候付、僉議之内町預申付置候処、亦々外犯科之儀致露顕、寅正月十三日入牢申付之、委細之儀ハ末ニ書載有之、

（右の者、唐人屋敷の二之門で探番を勤めていたところ、一昨年九月頃その年の一八番船の船員九官から本籠町・甚八の家に送った人参を〈善六が〉取り次いだと情報が入って詮議のなかで町預を命じていたところ、ほかの犯罪も露見し、正月一三日に入牢を命じた。委細はのちに記す）

これは善六なる者が唐人「九官」から預かった人参を甚八に取り次いだ件であったが、町預にしていた際に別件での関与が疑われたので正月一三日に牢に入れたという内容である。入牢となった件については、傍線（筆者による）の部分に「委細はのちに記す」とあるものの、実際にはつぎの丁に記載されている。紙も筆跡も同じであり、編纂を重ねてきた

結果、現状になったということなのであろう。なお、善六は、唐人屋敷の二之門で出入りする者が御法度の品を所持していないか改める役儀でありながら抜荷に関与していたのは不届き至極とのことで死罪が命じられ、同年八月二日に牢内で刎首となった（㈠三〇三頁）。

## 虫食いの痕が合わない

「犯科帳」の一六冊目は寛延元（一七四八）年二月から寛延四（一七五一）年六月までの記録である。だが九七丁目までと九八丁目以降は、もともと続けて綴じられていたわけではなかった。もっとも、ここに一つの事件がまたがって記されているわけではないので、注意しておかないと特に違和感を持つこともないはずである。

　ではなぜここに注目するのかというと、字体が異なっていることが理由の一つ。そして、二枚の丁での虫食いの位置がまったく合わないからである。虫食いとは、フルホンシバンムシなど紙を食べる虫による害のことだが、その虫に食われた痕の位置が一致しないのだ。つまりそれは、もともと別に綴《と》じられていた丁がいったんばらされ、のちに現在の順で綴じられたことの証である。

　となると、この二つの丁がいつの段階で「犯科帳」の一六冊目として一つに綴じられたのかが問題になる。刊本ではすでに二つの丁は並べて記載されているから、刊行された一九五八年以前となるが、これ以上のことはわからない。

　時期を示唆するわずかな手がかりとしては、左上に朱で筆書きの数字（五十六）がある。この数字は冊ごとに通しで書かれているものだが、番号の付け方はまちまちで、事件数とは必ずしも一致しているわけではない。虫食いの場所が合わない九七丁目と九八丁目だが、そこにも同じ人物による筆で数字が通しで入っている。この数字が入れられた段階ではすでに現状の順に綴じられていたのだろうと思われる。

　じつはこの数字、一四五冊すべてにあるわけではない。一一八冊目までにしかないのである。一一八冊目には天保一〇（一八三九）年一一月（朱書き「八十」）までと、同一二年閏正月一八日に刑が言い渡された二件、同一三年四月七日に刑が言い渡された一件（これのみ朱鉛筆書きで「八十三」）が記載されている。つぎの一一九冊目は、同一二年一〇月一八日に刑が言い渡された事件から記載がはじまっていて、この二冊は時期がかぶっている。この二冊を比較すると、同一二年の記載時期に偏りがあり一年間の記録としては不十分で、編纂に何かあったのかと疑いたくなる。また一一九冊目は、記載事件の時期を考えると一一八冊目から時間をおいて作成されたと考えるのが自然であろう。二冊の隔たりをふまえ、仮に数字を書き入れられたのが一一八冊目作成時だとすれば、この時には一六冊目が現在の状態にあったことになるのかもしれない。はっきりした結論を出すことのできないこうした点も、「犯科帳」が歴史資料として使いづらい理由の一つである(二九九頁)。

## 事件の全容がわからなくとも

享保一九(一七三四)年六月二二日、荷漕船の二重底に隠れていた徳助が捕まった。この船は、検使などが船荷を荷揚げする丸荷役に使用されるものだった。この船に徳助が隠れていたのは、時を見計らって合図を受け、薬種を盗み取るためだった。

当然、一人で企てられることではない。徳助は椛島町《かばしままち》の喜右衛門に当日、酒をふるまわれてこの仕事を頼まれたとのことだった。酒の勢いで話にのったのか、詳しい事情はわからないが、徳助は所払となり、荷漕船船頭も過料(金銭罰)一貫文を科された。

しかし喜右衛門については何も記されておらず、捕らえられて詮議されたのかも不明である。おそらく奉行所は彼を捕らえられなかったのだろう。ということは、事件の全容はわからないまま徳助は処罰されたことになる(㈠三〇六頁)。

この事例から、事件の全容から刑を決めるのではなく、個人の罪に基づいて刑が科されていたことがわかる。

## すべての判例が記されているわけではない

貞享四（一六八七）年七月六日、現在、日本二十六聖人殉教地として知られる西坂《にしざか》で、千代松（二六歳）が刎首に処された。この者は、親の太原八左衛門により不届き者であると長崎奉行に訴えられ、長崎から追放されていた。しかしたびたび長崎に立ち帰っていたようで、乙名、組頭が奉行所に申し出て、こうした顚末を迎えたのだった。

父の訴えにより千代松が長崎から追放された時期について、この箇所には「去子年宮城監物在勤之内」とある。貞享四年は卯《う》年だから、一番近い子《ね》年は貞享元（一六八四）年、そのつぎは寛文一二（一六七二）年になる。このうちの子年で宮城和充が長崎奉行の職にあったのは貞享元年。だがこの年の「犯科帳」には千代松が追放された記録はない（㈠五六頁）。長崎奉行が扱ったものであっても「犯科帳」に記録がない事例もあることがこのことからわかる。またこうした例がある一方、稀にだが、大坂奉行所の判決が掲載されている事例もある（㈡一三～一五頁など）。

## 無罪も「吟味の取り下げ」も記録

「犯科帳」一七冊目の中にはつぎのような、実際には事件としては成立しなかった事例も記載されている。

利平太なる者が沖に碇泊していた唐船の近くを船で乗りまわしていた。それが怪しまれて吟味されたが疑わしいことはなかったので許された。また佐平次は、袋町《ふくろまち》の庄兵衛の人参抜買に関わったとの情報からも吟味されたが、この時も、何の関わりもないことが明らかとなり許されている（㈡一〇三頁）。

寛政五（一七九三）年、新大工町《しんだいくまち》の茂兵衛が、遊女町である丸山町の清九郎が自分の娘「きち」を下関に連れていって奉公させていると奉行所に訴え出た。清九郎は同年一〇月二八日、そして理由はわからないが本大工町《もとだいくまち》の兵右衛門が同年一一月二三日に町預となり、吟味が行われた。その最中、茂兵衛がこの件を内済《ないさい》にしたいと「吟味下《ぎんみさげ》」（吟味の取り下げ）を願ってきた。奉行所が下関に問い合わせたところ、清九郎は「きち」に頼まれて下関に連れていったことが明らかになった。したがって願いのとおり吟味下を認め、両人の町預は解かれた（㈤六一頁）。

寛政八（一七九六）年には、つぎの件も記されている。六月二一日夜、兵之助とその倅の作八が酒を飲んでいた時のこと、酔っていたからか、作八が兵之助に無礼な言葉をかけ、その上、怪我をさせてしまった。兵之助が奉行所に訴え、作八は捕らえられて入牢となった。怪我の度合いはわからないが、第三者からすると親が子を訴えるという心が痛む事態に見える。その後、兵之助は酔っていて前後のこともわからないまま倅を訴えたと七月朔日に奉行所に「吟味下」を願い出てきた。奉行所は不束《ふつつか》なことであるとして兵之助を

「吐」にして作八を出牢させている㈤一七九頁)。この二つの例のように犯罪とはならなかった「吟味下」の事例も「犯科帳」には記載されているのである。

## 犯人が逮捕されなければ事件そのものが記されない

史料の性格を知る上では、つぎの宝暦元(一七五一)年の事例は面白い。新石灰町の組頭・伊三次が密買をして逃亡した。奉行所はそれがいつのことだったのかを乙名の南部金十郎と組頭に確認した。しかし彼らが答えることができなかったので、長崎奉行所は組頭として吟味もできていないことを問題視して叱の上、過料(金銭罰)五貫文を科している。

伊三次の密買の詳細を確認してみると、「犯科帳」には記載がない。単独犯なのか、複数犯なのかは不明だが、仮に複数犯でその中のだれかが捕まっていれば伊三次の名は残されていたに違いない。しかしこの場合のようにだれも捕らえられていなければ、「犯科帳」には犯罪者の名前だけでなく、事件そのものが書き残されなかったことになる㈡一一二頁)。

つぎのような事例もある。対馬の宗家に残る「長崎御届帳一」によると、元禄二(一六八九)年に長崎沖で抜荷が起きたが、その「統領」が牛嶋清次郎なる者であることまでは奉行所も摑んだ。長崎奉行は周辺の大名家に清次郎の「人形之書付」、つまり人相書きを送り、宗家はそれに従って支配下の領内を捜索した。この件も「犯科帳」には記載がない。おそらく清次郎を捕まえられなかったからだろう。

以上から、「犯科帳」は長崎で起きた事件であっても必ずしもそのすべてを記録したものとは言えないということになるだろう。

また当時の記録管理のありようが垣間見られる、つぎのような事例がある。

延享三（一七四六）年、幸之助なる者が追払に処された。だが翌年、長崎に立ち帰って捕らえられ、非人原に送られた。しかしこの件については付箋に、「此者、延享四卯十二月十七日夜、西古川町ニ而召捕吟味之上、非人手下ニ申付候趣、科人帳ニ有之候、犯科帳留落と相見候付、明和三戌年御赦ニ不書上、但、非人原江遣候科人帳ニ幸之助非人手下ニ申付候旨有之（この者、延享四年一二月一七日夜に、西古川町《にしふるかわまち》で捕らえて吟味し、非人手下に申し付けたと科人帳《とがにんちょう》に記してあった。犯科帳は書き忘れと考えられるので、明和三年に御赦免になったことは記されていなかった。ただし非人原に渡した科人帳に、幸之助に非人手下を命じたことが記されてあった）」とある。

つまり、翌年、長崎に戻ってきて捕まり非人手下に渡した件は「科人帳」には書き残されていたが、「犯科帳」は書き忘れていたというのである。そして明和三（一七六六）年、ご赦免の時、本来このことは延享四年に書き残す必要があったが、記載されていないことから、延享三年の初犯のところに記録されることになったと記しているのである（㈡五一～

五二頁)。

「犯科帳」は使い勝手の悪い史料だと述べてきたが、以上の事例からそのことが理解いただけたのではないだろうか。「犯科帳」は、現在の犯罪調書のような、当時の長崎における犯罪とその処罰が整理され、系統的に記された記録であるとは単純に言い切れない複雑な性格の史料である。そのため、「犯科帳」の世界とは、あくまでも、幾段階かの編纂を経て現在に残った長崎奉行所での裁定記録「など」が集積された世界でしかないのである。森永種夫以降「犯科帳」を分析した研究がなかったのは、こうしたことを研究者が理解していたからである。

**用文書として使用していた時代からすでに不備を確認**

記録は何らかの意図をもって書かれている。したがって、必ずしもすべての記載が正しいというわけではない。また単純に誤記などの過ちを犯してしまうこともある。いつの時代でも、何人の記録であろうとも、である。

寛延二(一七四九)年七月八日、五島列島の船頭・弥惣次の船に煎海鼠が積まれているのを疑わしく思い、役人が船の差し止めを訴えてきた。船頭、水主を呼び出してこの煎海鼠に関して問いただしたところ、八平治と森作平の物であることが判明した。そのため両者を呼び出して吟味したところ、長崎代官支配下・浦上村の岩瀬道《いわせみち》（江戸時代の長崎の対岸）に住む市郎次なる人物の所有する煎海鼠であることが判明した。手続きを終えて出航したものの風向きが悪く沖合に停泊中の唐船があり、それと取引するためのものであった。八平治と森作平は抜荷未遂ということになる。

　取引前とのことで八平治、森作平の二人には、煎海鼠を没収の上、過料が科された。計画の主体は市郎次（捕らえられたか不明）だったので、彼らは過料で済んだのだろう。

　しかし科された過料の額が「犯科帳」には記されていない。だがいつの時期のものかは不明だが、この頁に付箋が付けられ、そこに「森作平の過料の額が記されていないので確かめてみたところ、（長崎奉行所内の御広間の記録である）「御広間日記《おひろまにっき》」に三貫文とあった」、と記されている（「森作平過料之員数無之ニ付相糺候処、三貫文と御広間日記ニ有之候」㈡八九頁）。このように、奉行所が他の記録と照らし合わせて事実を確認することもあったことがわかる。

**一四五冊という、現在ある姿はいつからか？**

　本馬貞夫によると、「犯科帳」一四五冊の表紙は後付である蓋然性が高く、またそれらは三人以上の手によって書かれているという。維新後、長崎奉行所の文書類が長崎県に引き継がれると、警察所管となり、原則、長崎奉行の一在勤ごとに表紙をつけ、裁断された小口に「警　自文政九年至十年　犯科帳」などと墨書して棚に平置きして保管していたそうである（本馬貞夫『貿易都市長崎の研究』）。また、石尾和貴によると、年号未詳の犯科帳が一〇冊目の落丁だとしており、長崎県庁から県立長崎図書館へ移管された時期が異なるという（石尾和貴「「犯科帳」の謎」）。つまり、一〇冊目には「大正六年一月十九日　長崎県庁ヨリ引継」と押印され、年号未詳の方は、県立長崎図書館の台帳に昭和一〇年七月二日付で県庁から移管されたと記録されているという。遅くとも大正期には分かれていたことになる。とは言え、以上述べてきたように、そこに至るまでにも未だ明らかにできない段階を多く経ていたことは間違いない。この史料を使用するには、こうした経緯を知っておかなければならない。

先にも触れたが、「犯科帳」に掲載された事件には、正確ではないものの番号が振られている。この影響もあるのだろうか、森永種夫が提示した犯科帳の世界をはじめ、これまでの多くの研究成果はこの番号に引きずられて事件ごとの記載に注目してきた印象がある。しかし事件と事件の繋がりを意識したり、あるいは記載されている人物を意識したりして「犯科帳」と向き合うと、これまでとは異なる世界が見えてくることはここまでお読みいただければご理解いただけよう。

# おわりに

## 長崎から見えてくる江戸時代の社会

「犯科帳」からは、国際貿易港という長崎の都市としての性格から、出生地も年齢も異なる多様な人々が罪を犯していたことを知ることができる。当然、表沙汰にならなかった犯罪も多数あったわけで、実際には相当数の事件が発生していたことは間違いない。

道を踏み外すとほぼ再起できない社会でありながら、どのような身分の者であっても罪を犯している長崎の状況を鑑みると、長崎は犯罪が身近な存在である社会であり、為政者が求める道徳的社会規範が必ずしも共有しきれていなかったことが見て取れる。質屋の取締法がなく、抜荷で金を得ることが容易であったという物流環境や、交易都市という性格上、労働市場の流動性が高かったことなども、たしかに犯罪数が多かったことの要因ではあっただろう。しかし長崎で一つ特徴的なことは、「法を無視しても」と、犯罪に躊躇いがない人物の割合が高かったことではないかと思われる。第一章でも紹介したように、まさに長崎奉行・松平貴強が「当地之仕癖」と表現したような独特の法認識が長崎にはあり、幕府は終始そのコントロールに手を焼いていたことがうかがわれる。このように見てくると、同じく第一章で触れた松平定信の、「長崎は日本の病の一ツのうち」であるという評もあながち誇張とも言えないように思われる。

幕府はみずからが理想とする社会秩序維持のために町触などによって町人を諭す、罰を見直すなど司法制度の改善を試みる、あるいは出島・唐人屋敷を設けて外国人の居住地域を分けるなど、さまざまな犯罪防止策を施した。だが結局のところ、それらの施策も長崎における犯罪防止という当初の目的の実現にはほど遠いものでしかなかった。

「長崎犯科帳」の世界とは、まさに徳川社会における法治の実態とその限界、すなわち「江戸時代における罪と罰」を知ることのできる恰好の場なのである。

## 【主要参考文献】


阿南重幸「『犯科帳』にみる非人集団――長崎の場合」『部落解放史・ふくおか』一一四、二〇〇四年。

石井良助『江戸の刑罰』中央公論社、一九六四年。

石尾和貴「『犯科帳』の謎」(旅する長崎学、長崎学WEB学会記事、二〇一一年)。

氏家幹人『不義密通』洋泉社、二〇〇七年。

大井昇『長崎絵図帖の世界』長崎文献社、二〇一八年。

太田勝也「近世長崎の『地役人』に関する一考察」『中央大学文学部紀要』八〇、一九七六年。

大平祐一「近世社会は内済重視の社会」『近世日本の訴訟と法』創文社、二〇一三年。

金田平一郎「九州地方の近世刑事判決録」『法政研究』第一三巻一号、一九四三年。

木村直樹『幕藩制国家と東アジア世界』吉川弘文館、二〇〇九年。

木村直樹『長崎奉行の歴史　苦悩する官僚エリート』角川選書、二〇一六年。

倉地克直『徳川社会のゆらぎ』小学館、二〇〇八年。

小宮木代良「御仕置例類集」『歴史学事典　九　法と秩序』弘文堂、二〇〇二年。

斎藤洋一・大石慎三郎『身分差別社会の真実』講談社、一九九五年。

清水克行『耳鼻削ぎの日本史』洋泉社、二〇一五年。

鈴木康子『長崎奉行』筑摩書房、二〇一二年。

鈴木康子『転換期の長崎と寛政改革』ミネルヴァ書房、二〇二三年。

添田仁「一八世紀後期の長崎における抜荷観」『海港都市研究』第三号、二〇〇八年。

田中輝好「長崎奉行所判決記録に見る江戸時代の酒乱と酒狂」『アディクションと家族』第二一巻四号、二〇〇五年。

戸森麻衣子「長崎地役人」森下徹編『身分的周縁と近世社会七　武士の周縁に生きる』吉川弘文館、二〇〇七年。

橋本賢一「元禄・享保期の長崎無宿と宿なしの実体と片付けについて――長崎奉行所『犯科帳』を中心に」『ゆけむり史学』創刊号、二〇〇七年。

橋本賢一「正徳新例前後の長崎における抜荷の主体変化と町の展開――犯科人による近世長崎の編成」『史学研究集録』第三四号國學院大學大学院史学専攻大学院会、二〇〇九年。

花田紀凱「『鬼平犯科帳』誕生秘話」『朝日ビジュアルシリーズ池波正太郎の世界一』朝日新聞出版、二〇〇九年。

服藤弘司「『抜荷』罪雑考」『法制史研究』第六号、法制史学会、一九五六年。

平川新『開国への道』小学館、二〇〇八年。

平松義郎『近世刑事訴訟法の研究』創文社、一九六〇年。

本馬貞夫『貿易都市長崎の研究』九州大学出版会、二〇〇九年。

松井洋子「長崎と丸山遊女――直轄貿易都市の遊廓社会」佐賀朝・吉田伸之編『シリーズ遊廓社会一　三都と地方都市』吉川弘文館、二〇一三年。

松尾晋一『江戸幕府と国防』講談社、二〇一三年。

森永種夫『長崎奉行所判決記録　犯科帳目録』長崎学会、一九五六年。

森永種夫編『長崎奉行所判決記録　犯科帳』㈠～㈩、犯科帳刊行会、一九五八～一九六一年。

森永種夫『犯科帳――長崎奉行の記録』岩波新書、一九六二年。

森永種夫『流人と非人――続・長崎奉行の記録』岩波新書、一九六三年。

森永種夫『幕末の長崎――長崎代官の記録』岩波新書、一九六六年。

宮本由紀子「丸山遊女の生活――『長崎奉行所判決記録犯科帳』を中心として」『駒沢史学』三一、一九八四年。

宮本由紀子「丸山遊女犯科帳――唐紅毛人との関りを中心として」西山松之助先生古稀記念会編『江戸の芸能と文化』吉川弘文館、一九八五年。

村井早苗『キリシタン禁制と民衆の宗教』山川出版社、二〇〇二年。

安高啓明「近世前期長崎における刑罰体系とその執行」『崎陽』二、二〇〇四年。

安高啓明『近世長崎司法制度の研究』思文閣出版、二〇一〇年。

安高啓明『新釈犯科帳　長崎奉行所判例集』㈠〜㈢、長崎文献社、二〇一一〜二〇一二年。

山田悠太朗・安高啓明「長崎奉行所による遠島刑執行体制―長崎地役人の職務内容の分析から―」『法史学研究会会報』二五号、二〇二一年。

若松正志「貿易都市長崎における酒造統制令の展開――長崎町触を活用して」『京都産業大学論集社会科学系列』第一二号、一九九五年。

若松正志「近世中期における貿易都市長崎の特質」『日本史研究』四一五、一九九七年。

## 【参考資料】

貝原益軒著・益軒会編『益軒全集』巻之三、益軒全集刊行会、一九九一年。

林韑・宮崎成身等編『通航一覧　第三・四巻』泰山社、一九四〇年。

松平定信著　松平定光校訂『宇下人言・修行録』岩波書店、一九四二年。

『唐通事会所日録　二』東京大学出版会、一九五八年。

森永種夫編『御仕置伺集　上・下巻』犯科帳刊行会、一九六二年。

『寛政重修諸家譜　第六巻』続群書類従完成会、一九六四年。

田辺茂啓著　丹羽漢吉・森永種夫校訂『長崎実録大成　正編』長崎文献社、一九七三年。

中田易直・中村質校訂『崎陽群談』近藤出版、一九七四年。

小原克紹・森永種夫校訂『続長崎実録大成』長崎文献社、一九七四年。

『長崎古今集覧名勝図絵』長崎文献社、一九七五年。

『長崎虫眼鏡・長崎聞見録・長崎縁起略』長崎文献社、一九七五年。

丹羽漢吉校注『長崎土産・長崎不二賛・長崎萬歳』長崎文献社、一九七六年。

森永種夫・越中哲也校著『寛宝日記と犯科帳』長崎文献社、一九七七年。

森永種夫校著『長崎乙名勤方附御触書抄』長崎文献社、一九七八年。

『日本国語大辞典　第二巻』小学館、一九七九年。

『日本国語大辞典　第八巻』小学館、一九八〇年。

『長崎県史　対外交渉編』吉川弘文館、一九八五年。

『長崎奉行所関係文書調査報告書』長崎県教育委員会、一九九七年。

『長崎県の地名』平凡社、二〇〇一年。

太田勝也編『近世長崎・対外関係史料』思文閣出版、二〇〇七年。

『長崎代官所関係史料　金井八郎翁備考録一』長崎歴史文化博物館、二〇一〇年。

『島原藩日記　巻四（元禄Ⅰ）』島原市教育委員会、二〇一二年。

『新長崎市史　第二巻　近世編』長崎市、二〇一二年。

籏先好紀『長崎地役人総覧』長崎文献社、二〇一二年。

清水紘一・木崎弘美・柳田光弘・氏家毅編『近世長崎法制史料集一　天正八年～享保元年』岩田書院、二〇一四年。

清水紘一・柳田光弘・氏家毅・安高啓明編『近世長崎法制史料集二　寛永十二年～安永九年』岩田書院、二〇一九年。

清水紘一・柳田光弘・氏家毅編『近世長崎法制史料集三　享保元年～嘉永六年』岩田書院、二〇二二年。

清水紘一・柳田光弘・氏家毅編『近世長崎法制史料集四　安政元年～明治六年』岩田書院、二〇二三年。

「唐人屋敷並唐船取締ニ関スル書類」長崎歴史文化博物館収蔵。

「安政六年未二月廿八日付相定申書物之事」長崎歴史文化博物館収蔵。

「町方御仕置帳」長崎歴史文化博物館収蔵。

「従長崎五島江流人内死亡覚」長崎歴史文化博物館収蔵。

「従文政五年九月至同六未九月　欠落者　同立帰　紛失物　捨子　届留帳」長崎歴史文化博物館収蔵。

「犯科帳」長崎歴史文化博物館収蔵。

「引越切手・離国切手」長崎歴史文化博物館収蔵。

「長崎御届帳一」長崎県対馬歴史研究センター蔵。

「萬覚書」元禄元年十二月廿七日条、島原図書館肥前島原松平文庫蔵。

「萬覚書」寛文十一年九月八日条、島原図書館肥前島原松平文庫蔵。

「長崎御役所留」国立公文書館蔵。


〔付記〕本書は日本学術振興会科研費22K00901による成果の一部である。

# あとがき

本書で扱った「犯科帳」は、寛文六（一六六六）年からの二〇二年間の記録である。この間には、長崎奉行所（立山役所・西役所）は移設され、初期に長崎代官を務めた末次家の薬園跡には唐人屋敷が、唐人屋敷の北には新地蔵が設けられるなどの変化があった。また幕末には居留地の造成をはじめ、長崎製鉄所、大浦天主堂などの建設もあった。被災者が約一万人にもおよんだ元禄大火、出島の大半の建物が焼失した寛政の大火なども長崎は経験した。のみならず、唐船やオランダ船の来航・帰帆により、そもそも一年の間にも変化があった。さらには、幕末に至ると蒸気船も含めての異国船の来航が増えた。こうしたさまざまな要因によって長崎の景観は常に変化していたのである。

必然的に、人の出入りも激しかった。異国船の来航前後では特に、である。唐人屋敷が設けられて以降は長崎市中から唐人の姿が消えたいっぽう、幕末に居留地が設置されるとさまざまな異国人が長崎を訪れ、その構成員となった。現代のことばを用いると、長崎には流動人口や関係人口が多かった。現在の長崎からは想像できない目まぐるしい変化がこの時代の長崎では常態化していたのである。

近年、長崎（市）では駅前の再開発など、「一〇〇年に一度」ということばをしばしば耳にする。長崎の景観はこの地に住んでいる者も驚く速さで変化しており、否応もなく「変化」を意識せざるを得ない。だが、今回対象とした時期に生きた人々にとっては「変化」は当たり前のことであり、このような感覚を持つことは、おそらくなかったことだろう。

江戸時代の長崎のこのような時代状況と社会環境が犯罪発生に深く関係したであろうことは容易に想像がつく。事件として露見しなかった罪は、どのくらいの数に上るのだろうか。幕府はさまざまな手段を用いて犯罪防止を図ったが、結局のところ、幕府が満足する状態に長崎がなることはなかった。こう考えると、「犯科帳」とは、いろいろな意味において徳川社会の矛盾に抗おうとした多様な人々の生きざまの記録の集合と捉えることもできるのではないだろうか。本書を通じて、現代とは異なる社会、そしてそこに生きた人々の価値観や人生観を、読者の方々にすこしでもご理解いただけたならば幸いである。

講談社の山﨑比呂志さんには、企画段階からお世話になり、本書の刊行までご尽力を賜った。山﨑さんの叱咤激励がなければ本書が完成することはなかっただろう。心よりお礼申し上げる。また、研究活動に対してご支援いただいた福島清介さん、松尾春希さん、松尾優輝さん、「犯科帳」の購読につき合っていただいたかつてのゼミ生に記して感謝の意を表する。

二〇二四年　盛夏

松尾晋一

講談社現代新書　2757

江戸《えど》の犯罪録《はんざいろく》　長崎奉行《ながさきぶぎょう》「犯科帳《はんかちょう》」を読《よ》む

二〇二四年一〇月二〇日第一刷発行

著　者　松尾晋一《まつおしんいち》　
発行者　篠木和久

発行所　株式会社講談社
東京都文京区音羽二丁目一二―二一　郵便番号一一二―八〇〇一

電　話　〇三―五三九五―三五二一　編集（現代新書）
〇三―五三九五―四四一五　販売
〇三―五三九五―三六一五　業務

装幀者　中島英樹／中島デザイン

印刷所　株式会社新藤慶昌堂

製本所　株式会社国宝社

定価はカバーに表示してあります　Printed in Japan



N.D.C. 210　307p　18cm
ISBN978-4-06-537484-9

## 「講談社現代新書」の刊行にあたって

教養は万人が身をもって養い創造すべきものであって、一部の専門家の占有物として、ただ一方的に人々の手もとに配布され伝達されうるものではありません。

しかし、不幸にしてわが国の現状では、教養の重要な養いとなるべき書物は、ほとんど講壇からの天下りや単なる解説に終始し、知識技術を真剣に希求する青少年・学生・一般民衆の根本的な疑問や興味は、けっして十分に答えられ、解きほぐされ、手引きされることがありません。万人の内奥から発した真正の教養への芽ばえが、こうして放置され、むなしく滅びさる運命にゆだねられているのです。

このことは、中・高校だけで教育をおわる人々の成長をはばんでいるだけでなく、大学に進んだり、インテリと目されたりする人々の精神力の健康さえもむしばみ、わが国の文化の実質をまことに脆弱なものにしています。単なる博識以上の根強い思索力・判断力、および確かな技術にささえられた教養を必要とする日本の将来にとって、これは真剣に憂慮されなければならない事態であるといわなければなりません。

わたしたちの「講談社現代新書」は、この事態の克服を意図して計画されたものです。これによってわたしたちは、講壇からの天下りでもなく、単なる解説書でもない、もっぱら万人の魂に生ずる初発的かつ根本的な問題をとらえ、掘り起こし、手引きし、しかも最新の知識への展望を万人に確立させる書物を、新しく世の中に送り出したいと念願しています。

わたしたちは、創業以来民衆を対象とする啓蒙の仕事に専心してきた講談社にとって、これこそもっともふさわしい課題であり、伝統ある出版社としての義務でもあると考えているのです。

一九六四年四月　野間省一

日本史Ⅰ

## 日本史Ⅱ

2319 昭和陸軍全史3 ― 川田稔
2328 タモリと戦後ニッポン 近藤正高
2330 弥生時代の歴史 ― 藤尾慎一郎
2343 天下統一 ― 黒嶋敏
2351 戦国の陣形 ― 乃至政彦
2376 昭和の戦争 ― 井上寿一
2380 刀の日本史 ― 加来耕三
2382 田中角栄 ― 服部龍二
2394 井伊直虎 ― 夏目琢史
2398 日米開戦と情報戦 ― 森山優
2401 愛と狂瀾のメリークリスマス 堀井憲一郎
2402 ジャニーズと日本 ― 矢野利裕
2405 織田信長の城 ― 加藤理文
2414 海の向こうから見た倭国 高田貫太
2417 ビートたけしと北野武 近藤正高
2428 戦争の日本古代史 ― 倉本一宏
2438 飛行機の戦争 1914-1945 ― 一ノ瀬俊也
2449 天皇家のお葬式 ― 大角修
2451 不死身の特攻兵 ― 鴻上尚史
2453 戦争調査会 ― 井上寿一
2454 縄文の思想 ― 瀬川拓郎
2460 自民党秘史 ― 岡崎守恭
2462 王政復古 ― 久住真也

## 日本語・日本文化



P

世界史Ⅰ

## 世界史Ⅱ



J

## 世界の言語・文化・地理

958 英語の歴史──中尾俊夫
987 はじめての中国語──相原茂
1025 J・S・バッハ──礒山雅
1073 はじめてのドイツ語 福本義憲
1111 ヴェネツィア──陣内秀信
1183 はじめてのスペイン語 東谷穎人
1353 はじめてのラテン語 大西英文
1396 はじめてのイタリア語 郡史郎
1446 南イタリアへ!──陣内秀信
1701 はじめての言語学 黒田龍之助
1753 中国語はおもしろい 新井一二三
1949 見えないアメリカ──渡辺将人

2081 はじめてのポルトガル語 浜岡究
2086 英語と日本語のあいだ 菅原克也
2104 国際共通語としての英語 鳥飼玖美子
2107 野生哲学──管啓次郎 小池桂一
2158 一生モノの英文法──澤井康佑
2227 アメリカ・メディア・ウォーズ──大治朋子
2228 フランス文学と愛──野崎歓
2317 ふしぎなイギリス──笠原敏彦
2353 本物の英語力──鳥飼玖美子
2354 インド人の「力」──山下博司
2411 話すための英語力 鳥飼玖美子

F

## 哲学・思想Ⅰ

## 哲学・思想Ⅱ



Ⓑ